2015

La lista oficial de las aves de Costa Rica

The official list of birds of Costa Rica

Asociación Ornitológica de Costa Rica
Comité de Especies Raras y Registros Ornitológicos
de Costa Rica (Comité Científico - AOCR)

ASOCIACIÓN ORNITOLÓGICA DE COSTA RICA

AOCR Scientific Committee members: Gerardo Obando-Calderón, Johel Chaves-Campos, Richard Garrigues, Michel Montoya, Oscar Ramírez y Jim Zook.
Cover photo, *Cotinga ridgwayi*, Turquoise Cotinga, by Eduardo Mena

Originally published in *Zeledonia* 18-2. Noviembre 2014. Boletín de la Asociación Ornitológica de Costa Rica. San José, Costa Rica.

La lista oficial de las aves de Costa Rica

The official list of birds of Costa Rica

Total de especies oficiales: 910

Estatus/Status:

SC	22	Sin comprobante (Fondo gris)	Without voucher (Gray background)
R	641	Residente	Resident
RR	8	Residente reproductivo	Breeding resident
R?	17	Residencia incierta	Residence uncertain
M	220	Migratorio	Migratory
M?	16	Migrant status uncertain	Migratory status uncertain
A	55	Accidental	Accidental
END		Especies endémicas para Costa Rica y la región	Endemic species for Costa Rica and the region

Más información en: http://listaoficialavesdecostarica.wordpress.com/
More information: http://listaoficialavesdecostarica.wordpress.com/

Forms for reporting sightings of rare birds or new species: http://listaoficialavesdecostarica.wordpress.com/reporte-y-procedimiento/
Formularios para reportar avistamientos de especies raras o nuevas: http://listaoficialavesdecostarica.wordpress.com/reporte-y-procedimiento/

Taxonomía y nombres en Inglés actualizados al 2014 según el Suplemento 55 Chesser et al. *The Auk* 131(4):CSi-CSxv. Julio 2014. Por la American Ornithologists' Union (AOU). Taxonomy and English names updated according to Supplement 55 Chesser *et al*. *The Auk* 131(4):CSi-CSxv. Julio 2014 by the American Ornithologists' Union (AOU).

		Order-Family-Taxa	English name / Spanish name	Status				
Tinamiformes								
	Tinamidae (5)							
1		*Nothocercus bonapartei*	Highland Tinamou / Tinamú Serrano (Gallina de monte de Altura, Gongolona)	R				
2		*Tinamus major*	Great Tinamou / Tinamú Grande (Gallina de monte, Perdiz, Gongolona, Yerre)	R				
3		*Crypturellus soui*	Little Tinamou / Tinamú Chico (Gallina de monte Chica, Gongolona, Yerre, Ponchita)	R				
4		*Crypturellus cinnamomeus*	Thicket Tinamou / Tinamú Canelo (Gallina de monte, Gongolona, Perdiz)	R				
5		*Crypturellus boucardi*	Slaty-breasted Tinamou / Tinamú Pizarroso (Gallina de monte Patirroja)	R				
Anseriformes								
	Anatidae (21)							
6		*Dendrocygna viduata*	White-faced Whistling-Duck / Pijije Cariblanco (Piche Careto)	R?				
7		*Dendrocygna autumnalis*	Black-bellied Whistling-Duck / Pijije Común (Piche, Quichichi, Pichichi)	R				
8		*Dendrocygna bicolor*	Fulvous Whistling-Duck / Pijije Canelo (Piche Canelo)	R				
9		*Sarkidiornis melanotos*	Comb Duck / Pato Crestudo	A				
10		*Cairina moschata*	Muscovy Duck / Pato Real (Pato Perulero)	R				
11		*Anas americana*	American Wigeon / Pato Calvo (Carraco)	M				
12		*Anas platyrhynchos*	Mallard / Pato Cabeciverde (Carraco)	A-SC				
13		*Anas discors*	Blue-winged Teal / Cerceta Aliazul (Pato Canadiense, Zarceta, Carraco)	M				
14		*Anas cyanoptera*	Cinnamon Teal / Cerceta Castaña (Carraco)	M				
15		*Anas clypeata*	Northern Shoveler / Pato Cuchara (Carraco)	M				

La Asociación Ornitológica de Costa Rica - Comité Científico

16		*Anas bahamensis*	White-cheeked Pintail / Pato Gargantilla	A				
17		*Anas acuta*	Northern Pintail / Pato Rabudo (Carraco Colilargo)	M				
18		*Anas crecca*	Green-winged Teal / Cerceta Aliverde (Carraco, Zarceta)	M				
19		*Aythya valisineria*	Canvasback / Porrón Picudo AOCR	A				
20		*Aythya americana*	Redhead / Porrón Americano (Pato Cabeza Roja) AOCR	A				
21		*Aythya collaris*	Ring-necked Duck / Porrón Collarejo (Pato)	M				
22		*Aythya marila*	Greater Scaup / Porrón Mayor (Pato)	A- SC				
23		*Aythya affinis*	Lesser Scaup / Porrón Menor (Pato)	M				
24		*Lophodytes cucullatus*	Hooded Merganser / Serreta Capuchona (Pato de Cresta)	A				
25		*Nomonyx dominicus*	Masked Duck / Pato Enmascarado	R				
26		*Oxyura jamaicensis*	Ruddy Duck / Pato Cariblanco	A				

Galliformes

Cracidae (5)

27		*Ortalis vetula*	Plain Chachalaca / Chachalaca Olivácea (Chachalaca)	R				
28		*Ortalis cinereiceps*	Gray-headed Chachalaca / Chachalaca Cabecigrís (Chachalaca, Pavita)	R				
29		*Penelope purpurascens*	Crested Guan / Pava Crestada (Pava Granadera)	R				
30		*Chamaepetes unicolor*	Black Guan / Pava Negra (Pajuila)	R-END				
31		*Crax rubra*	Great Curassow / Pavón Grande (Pavón, Granadera)	R				

Odontophoridae (7)

32		*Dendrortyx leucophrys*	Buffy-crowned Wood-Partridge / Perdiz Montañera (Chirrascuá)	R				
33		*Colinus cristatus*	Crested Bobwhite / Codorniz Crestada (Codorniz de Monte)	R				
34		*Odontophorus gujanensis*	Marbled Wood-Quail / Codorniz Carirroja o Corcovado (Julián Piojo)	R				

La lista oficial de las aves de Costa Rica

35	*Odontophorus melanotis*	Black-eared Wood-Quail / Codorniz Orejinegra (Chirrascuá, Gallinita)	R-END				
36	*Odontophorus leucolaemus*	Black-breasted Wood-Quail / Codorniz Pechinegra (Gallinita de Monte, Chirrascuá, Huevos de Chancho)	R-END				
37	*Odontophorus guttatus*	Spotted Wood-Quail / Codorniz Moteada o Pintada	R				
38	*Rhynchortyx cinctus*	Tawny-faced Quail / Codorniz Carirrufa	R				

Podicipediformes

Podicipedidae (3)

39	*Tachybaptus dominicus*	Least Grebe / Zambullidor Enano	R				
40	*Podilymbus podiceps*	Pied-billed Grebe / Zambullidor Piquipinto (Pico Pinto)	R, M?				
41	*Podiceps nigricollis*	Eared Grebe / Zambullidor Mediano	A- SC				

Procellariiformes

Diomedeidae (1)

42	*Phoebastria irrorata*	Waved Albatross / Albatros de Galápagos	A				

Procellariidae (15)

43	*Pterodroma hasitata*	Black-capped Petrel / Petrel Gorrinegro	A- SC				
44	*Pterodroma phaeopygia*	Galapagos Petrel / Petrel de Galápagos, Petrel Lomioscuro	A				
45	*Pterodroma rostrata*	Tahiti Petrel / Petrel de Tahiti	M				
46	*Procellaria parkinsoni*	Parkinson's Petrel / Petrel de Parkinson	M				
47	*Calonectris diomedea*	Cory's Shearwater / Pardela de Cory, Pardela Cenicienta	A				
48	*Puffinus creatopus*	Pink-footed Shearwater / Pardela Blanca Común	M				
49	*Pufinus gravis*	Great Shearwater / Pardela Mayor	A				
50	*Puffinus pacificus*	Wedge-tailed Shearwater / Pardela Colicuña	M				
51	*Puffinus griseus*	Sooty Shearwater / Pardela Sombría	M				

La Asociación Ornitológica de Costa Rica - Comité Científico

52		*Puffinus tenuirostris*	Short-tailed Shearwater / Pardela Colicorta	M?- SC				
53		*Puffinus nativitatis*	Christmas Shearwater / Pardela de Navidad, Pardela de Christmas	A				
54		*Puffinus subalaris*	Galapagos Shearwater / Pardela de las Galápagos	M				
55		*Puffinus puffinus*	Manx Shearwater / Pardela Manx	A- SC				
56		*Puffinus opisthomelas*	Black-vented Shearwater / Pardela Culinegra	A				
57		*Puffinus lherminieri*	Audubon's Shearwater / Pardela de Audubon	M				
	Hydrobatidae (8)							
58		*Oceanites oceanicus*	Wilson's Storm-Petrel / Paiño de Wilson	M- SC				
59		*Pelagodroma marina*	White-faced Storm-Petrel / Paiño Pechialbo	M- SC				
60		*Oceanodroma leucorhoa*	Leach's Storm-Petrel / Paiño de Leach	M				
61		*Oceanodroma castro*	Band-rumped Storm-Petrel / Paiño Rabifajeado	A- SC				
62		*Oceanodroma tethys*	Wedge-rumped Storm-Petrel / Paiño Danzarin	M				
63		*Oceanodroma melania*	Black Storm-Petrel / Paiño Negro	M				
64		*Oceanodroma markhami*	Markham's Storm-Petrel / Paiño de Markham	M				
65		*Oceanodroma microsoma*	Least Storm-Petrel / Paiño Menudo	M				
Phaethontiformes								
	Phaethontidae (3)							
66		*Phaethon lepturus*	White-tailed Tropicbird / Rabijunco Cola Blanca	A				
67		*Phaethon aethereus*	Red-billed Tropicbird / Rabijunco Piquirrojo	M				
68		*Phaethon rubricauda*	Red-tailed Tropicbird / Rabijunco Cola Roja	A				

7

Ciconiiformes

Ciconiidae (3)

69	*Ciconia maguari*	Maguari Stork / Cigüeña Maguari	A					
70	*Jabiru mycteria*	Jabiru / Jabirú (Galán Sin Ventura, Veterano)	R					
71	*Mycteria americana*	Wood Stork / Cigüeñón (Garzón, Guairón, Cigüeña)	R, M					

Suliformes

Fregatidae (2)

72	*Fregata magnificens*	Magnificent Frigatebird / Rabihorcado Magno (Tijereta, Fragata, Zopilote de Mar)	R					
73	*Fregata minor*	Great Frigatebird / Rabihorcado Grande (Tijereta)	R					

Sulidae (5)

74	*Sula dactylatra*	Masked Booby / Piquero Blanco	R					
75	*Sula granti*	Nazca Booby / Piquero de Nazca AOCR	R?					
76	*Sula nebouxii*	Blue-footed Booby / Piquero Patiazul	M					
77	*Sula leucogaster*	Brown Booby / Piquero Moreno (Monjita, Alcatraz)	R					
78	*Sula sula*	Red-footed Booby / Piquero Patirrojo	R					

Phalacrocoracidae (1)

79	*Phalacrocorax brasilianus*	Neotropic Cormorant / Cormorán Neotropical (Pato Chancho, Pato de Agua, Bigua)	R					

Anhingidae (1)

80	*Anhinga anhinga*	Anhinga / Aninga (Pato Aguja)	R					

Pelecaniformes

Pelecanidae (2)

81	*Pelecanus erythrorhynchos*	American White Pelican / Pelícano Blanco Americano	A					

La Asociación Ornitológica de Costa Rica - Comité Científico

82		*Pelecanus occidentalis*	Brown Pelican / Pelícano Pardo (Buchón, Pelícano, Alcatraz)	R				
		Ardeidae (19)						
83		*Botaurus pinnatus*	Pinnated Bittern / Avetoro Neotropical (Puncus, Mirasol)	R				
84		*Botaurus lentiginosus*	American Bittern / Avetoro Norteño (Puncus)	M?				
85		*Ixobrychus exilis*	Least Bittern Avetorillo / Pantanero (Mirasol)	R, M?				
86		*Tigrisoma lineatum*	Rufescent Tiger-Heron / Garza-Tigre de Selva (Martín Peña, Pájaro Vaco)	R				
87		*Tigrisoma fasciatum*	Fasciated Tiger-Heron / Garza-Tigre de Río (Martín Peña, Pájaro Vaco)	R				
88		*Tigrisoma mexicanum*	Bare-throated Tiger-Heron / Garza-Tigre Cuellinuda (Garzón, Martín Peña, Pájaro Vaco)	R				
89		*Ardea herodias*	Great Blue Heron / Garzón Azulado (Garza Ceniza, Garzón)	M				
90		*Ardea alba*	Great Egret / Garceta Grande (Garza Real)	R, M				
91		*Egretta thula*	Snowy Egret / Garceta Nivosa	R, M				
92		*Egretta caerulea*	Little Blue Heron / Garceta Azul (Garza Negra)	R, M				
93		*Egretta tricolor*	Tricolored Heron / Garceta Tricolor	R, M				
94		*Egretta rufescens*	Reddish Egret / Garceta Rojiza	M				
95		*Bubulcus ibis*	Cattle Egret / Garcilla Bueyera (Garcilla Ganadera, Garza Vaquera, Garza de Ganado)	R, M				
96		*Butorides virescens*	Green Heron / Garcilla Verde (Martín Peña)	R, M				
97		*Butorides striata*	Striated Heron / Garcilla Cuelligrís (Chocuaco, Martín Peña)	A				
98		*Agamia agami*	Agami Heron / Garza Pechicastaña (Agamia)	R				
99		*Nycticorax nycticorax*	Black-crowned Night-Heron / Martinete Coroninegro (Chocuaca)	R, M				
100		*Nyctanassa violacea*	Yellow-crowned Night-Heron / Martinete Cabecipinto	R, M				

La lista oficial de las aves de Costa Rica

101		*Cochlearius cochlearius*	Boat-billed Heron / Pico Cuchara (Chocuaco, Cuaca)	R				
		Threskiornithidae (5)						
102		*Eudocimus albus*	White Ibis / Ibis Blanco (Coco)	R				
103		*Plegadis falcinellus*	Glossy Ibis / Ibis Morito (Coco Negro)	R				
104		*Plegadis chihi*	White-faced Ibis / Ibis Cariblanco	M?				
105		*Mesembrinibis cayennensis*	Green Ibis / Ibis Verde (Coco Negro)	R				
106		*Platalea ajaja*	Roseate Spoonbill / Espátula Rosada (Garza Morena o Rosada, Pato Cuchara o Rosado)	R				
Accipitriformes								
		Cathartidae (4)						
107		*Coragyps atratus*	Black Vulture / Zopilote Negro (Zoncho, Gallinazo)	R				
108		*Cathartes aura*	Turkey Vulture / Zopilote Cabecirrojo (Zonchite, Noneca)	R, M				
109		*Cathartes burrovianus*	Lesser Yellow-headed Vulture / Zopilote Cabecigualdo (Noneca)	R				
110		*Sarcoramphus papa*	King Vulture / Zopilote Rey (Rey Gallinazo, Rey de Zopilotes)	R				
		Pandionidae (1)						
111		*Pandion haliaetus*	Osprey / Águila Pescadora (Gavilán Pescador)	M				
		Accipitridae (39)						
112		*Leptodon cayanensis*	Gray-headed Kite / Gavilán Cabecigrís	R				
113		*Chondrohierax uncinatus*	Hook-billed Kite / Gavilán Piquiganchudo	R				
114		*Elanoides forficatus*	Swallow-tailed Kite / Elanio Tijereta (Gavilán Tijereta)	R, RR, M				
115		*Gampsonyx swainsonii*	Pearl Kite / Elanio Enano	R				
116		*Elanus leucurus*	White-tailed Kite / Elanio Coliblanco (Gavilán Bailarín, Gavilancillo Blanco)	R				

La Asociación Ornitológica de Costa Rica - Comité Científico

117		*Rostrhamus sociabilis*	Snail Kite / Elanio Caracolero (Gavilán Caracolero)	R					
118		*Harpagus bidentatus*	Double-toothed Kite / Gavilán Gorgirrayado	R					
119		*Ictinia mississippiensis*	Mississippi Kite / Elanio Colinegro	M					
120		*Ictinia plumbea*	Plumbeous Kite / Elanio Plomizo	RR, M					
121		*Busarellus nigricollis*	Black-collared Hawk / Gavilán de Ciénega (Gavilán Pescador)	R					
122		*Circus cyaneus*	Northern Harrier / Aguilucho Norteño	M					
123		*Accipiter poliogaster*	Gray-bellied Hawk / Gavilán Vientrigris	R?					
124		*Accipiter superciliosus*	Tiny Hawk / Gavilán Enano (Camaleón)	R					
125		*Accipiter striatus*	Sharp-shinned Hawk / Gavilán Pajarero (Camaleón)	M					
126		*Accipiter cooperii*	Cooper's Hawk / Gavilán de Cooper (Camaleón)	M					
127		*Accipiter bicolor*	Bicolored Hawk / Gavilán Bicolor (Camaleón)	R					
128		*Geranospiza caerulescens*	Crane Hawk / Gavilán Ranero (Caracolero)	R					
129		*Buteogallus anthracinus*	Common Black Hawk / Gavilán Cangrejero	R					
130		*Buteogallus meridionalis*	Savanna Hawk / Gavilán Sabanero	R?					
131		*Buteogallus urubitinga*	Great Black Hawk / Gavilán Negro Mayor (Aguilucho, Gavilán Silbero, Cangrejero)	R					
132		*Buteogallus solitarius*	Solitary Eagle / Águila Solitaria	R- SC					
133		*Morphnarchus princeps*	Barred Hawk / Gavilán Pechinegro	R					
134		*Parabuteo unicinctus*	Harris's Hawk / Gavilán Alicastaño	R, M?					
135		*Pseudastur albicollis*	White Hawk / Gavilán Blanco	R					
136		*Leucopternis semiplumbeus*	Semiplumbeous Hawk / Gavilán Dorsiplomizo	R					
137		*Buteo magnirostris*	Roadside Hawk / Gavilán Chapulinero (Pata Podrida)	R					
138		*Buteo platypterus*	Broad-winged Hawk / Gavilán Aludo (Gavilán Pollero)	M					
139		*Buteo plagiatus*	Gray Hawk / Gavilán Gris (Gavilán Pollero)	R					

La lista oficial de las aves de Costa Rica

140	*Buteo nitidus*	Gray-lined Hawk / Gavilán Gris Rayado (Gavilán Pollero)	R			
141	*Buteo brachyurus*	Short-tailed Hawk / Gavilán Colicorto	R, M			
142	*Buteo swainsoni*	Swainson's Hawk / Gavilán de Swainson	M			
143	*Buteo albicaudatus*	White-tailed Hawk / Gavilán Coliblanco (Gavilán Sabanero)	R			
144	*Buteo albonotatus*	Zone-tailed Hawk / Gavilán Colifajeado	R, M			
145	*Buteo jamaicensis*	Red-tailed Hawk / Gavilán Colirrojo (Gavilán Valdivia)	R, M			
146	*Morphnus guianensis*	Crested Eagle / Águila Crestada	R			
147	*Harpia harpyja*	Harpy Eagle / Águila Arpía (Aguilucho)	R			
148	*Spizaetus tyrannus*	Black Hawk-Eagle / Aguililo Negro (Aguilucho)	R			
149	*Spizaetus ornatus*	Ornate Hawk-Eagle / Aguililo Penachudo (Aguilucho)	R			
150	*Spizaetus melanoleucus*	Black-and-white Hawk-Eagle / Aguililo Blanco y Negro (Águila Marcial)	R			
Eurypygiformes						
	Eurypygidae (1)					
151	*Eurypyga helias*	Sunbittern	R			
Gruiformes						
	Rallidae (16)					
152	*Micropygia schomburgkii*	Ocellated Crake / Polluela Ocelada	R			
153	*Laterallus ruber*	Ruddy Crake / Polluela Colorada	R?- SC			
154	*Laterallus albigularis*	White-throated Crake / Polluela Gargantiblanca (Freidora, Huevo frito)	R			
155	*Laterallus exilis*	Gray-breasted Crake / Polluela Pechigrís	R			
156	*Laterallus jamaicensis*	Black Rail / Polluela Negra	R?, M?- SC			
157	*Rallus crepitans*	Clapper Rail / Rascón Picudo	R?, M?			
158	*Aramides axillaris*	Rufous-necked Wood-Rail / Rascón Cuellirrufo	R			

La Asociación Ornitológica de Costa Rica - Comité Científico

159		*Aramides cajaneus*	Gray-necked Wood-Rail / Rascón Cuelligrís (Chirincoco, Pomponé, Pone-pone)	R					
160		*Amaurolimnas concolor*	Uniform Crake / Rascón Café	R					
161		*Porzana carolina*	Sora / Polluela Sora o Norteña	M					
162		*Porzana flaviventer*	Yellow-breasted Crake / Polluela Pechiamarilla	R					
163		*Neocrex erythrops*	Paint-billed Crake / Polluela Piquirroja	R					
164		*Pardirallus maculatus*	Spotted Rail / Rascón Moteado	R					
165		*Porphyrio martinicus*	Purple Gallinule / Gallareta Morada (Polla de Agua, Gallina de Agua, Calamón Morada)	R					
166		*Gallinula galeata*	Common Gallinule / Gallareta Frentirroja (Gallineta)	R, M?					
167		*Fulica americana*	American Coot / Focha Americana	R, M					
	Heliornithidae (1)								
168		*Heliornis fulica*	Sungrebe / Pato Cantil (Perrito de Agua, Toboba)	R					
	Aramidae (1)								
169		*Aramus guarauna*	Limpkin / Carao (Correa)	R					

Charadriiformes

	Burhinidae (1)								
170		*Burhinus bistriatus*	Double-striped Thick-Knee / Alcaraván Americano (Alcaraván)	R					
	Recurvirostridae (2)								
171		*Himantopus mexicanus*	Black-necked Stilt / Cigüeñuela Cuellinegro (Soldadito)	R, M					
172		*Recurvirostra americana*	American Avocet / Avoceta Americana	M					
	Haematopodidae (1)								
173		*Haematopus palliatus*	American Oystercatcher / Ostrero Americano	R, M					

La lista oficial de las aves de Costa Rica

Charadriidae (10)							
174	*Vanellus chilensis*	Southern Lapwing / Chorlitazo Sureño	R				
175	*Pluvialis squatarola*	Black-bellied Plover / Chorlito Gris (Avefría)	M				
176	*Pluvialis dominica*	American Golden-Plover / Chorlito Dorado Menor	M				
177	*Pluvialis fulva*	Pacific Golden-Plover / Chorlito Dorado del Pacífico	A				
178	*Charadrius collaris*	Collared Plover / Chorlitejo Collarejo (Turillo)	R				
179	*Charadrius nivosus*	Snowy Plover / Chorlitejo Blanco o Patinegro (Chorlito, Turillo)	M				
180	*Charadrius wilsonia*	Wilson's Plover / Chorlitejo Picudo (Chorlito Gritón, Turillo)	R, M				
181	*Charadrius semipalmatus*	Semipalmated Plover / Chorlitejo Semipalmado (Chorlito, Turillo)	M				
182	*Charadrius melodus*	Piping Plover / Chorlitejo Silbador	A				
183	*Charadrius vociferus*	Killdeer / Chorlitejo Tildío o de Dos Collares (Pijije, Tildío)	R, M				
Jacanidae (2)							
184	*Jacana spinosa*	Northern Jacana / Jacana Centroamericana (Cirujano, Gallito de Agua, Mulita, Yegüita)	R				
185	*Jacana jacana*	Wattled Jacana / Jacana Sureña	A				
Scolopacidae (32)							
186	*Actitis macularius*	Spotted Sandpiper / Andarríos Maculado (Alzacolita, Piririza, Tigüiza)	M				
187	*Tringa solitaria*	Solitary Sandpiper / Andarríos Solitario (Tigüiza)	M				
188	*Tringa incana*	Wandering Tattler / Correlimos Vagabundo	M				
189	*Tringa melanoleuca*	Greater Yellowlegs / Patiamarillo Mayor (Correlimos Grande, Pijije, Zarceta)	M				
190	*Tringa semipalmata*	Willet / Pigüilo	M				
191	*Tringa flavipes*	Lesser Yellowlegs / Patiamarillo Menor (Pijije, Zarceta)	M				

La Asociación Ornitológica de Costa Rica - Comité Científico

192	*Bartramia longicauda*	Upland Sandpiper / Pradero (Gansa)	M				
193	*Numenius phaeopus*	Whimbrel / Zarapito Trinador (Cherelá, Zarceta)	M				
194	*Numenius americanus*	Long-billed Curlew / Zarapito Piquilargo	M				
195	*Limosa haemastica*	Hudsonian Godwit / Aguja Lomiblanca	M				
196	*Limosa fedoa*	Marbled Godwit / Aguja Canela	M				
197	*Arenaria interpres*	Ruddy Turnstone / Vuelvepiedras Rojizo	M				
198	*Calidris canutus*	Red Knot / Correlimos Grande	M				
199	*Calidris virgata*	Surfbird / Chorlito de Rompientes	M				
200	*Calidris pugnax*	Ruff / Combatiente	M- SC				
201	*Calidris himantopus*	Stilt Sandpiper / Correlimos Patilargo (Patudo, Becacina)	M				
202	*Calidris ferruginea*	Curlew Sandpiper / Correlimos Zarapitín	M				
203	*Calidris alba*	Sanderling / Playero Arenero	M				
204	*Calidris alpina*	Dunlin / Correlimos Pechinegro	M				
205	*Calidris bairdii*	Baird's Sandpiper / Correlimos de Baird (Patudo, Becacina)	M				
206	*Calidris minutilla*	Least Sandpiper / Correlimos Menudo (Patudo, Becacina)	M				
207	*Calidris fuscicollis*	White-rumped Sandpiper / Correlimos Lomiblanco (Patudo, Becacina)	M				
208	*Calidris subruficollis*	Buff-breasted Sandpiper / Praderito Pechianteado (Zarceta)	M				
209	*Calidris melanotos*	Pectoral Sandpiper / Correlimos Pechirrayado (Patudo, Becacina)	M				
210	*Calidris pusilla*	Semipalmated Sandpiper / Correlimos Semipalmado	M				
211	*Calidris mauri*	Western Sandpiper / Correlimos Occidental (Patudo, Becacina)	M				
212	*Limnodromus griseus*	Short-billed Dowitcher / Agujeta Común	M				
213	*Limnodromus scolopaceus*	Long-billed Dowitcher / Agujeta Silbona	M				
214	*Gallinago delicata*	Wilson's Snipe / Becacina Común (Becada)	M				
215	*Phalaropus tricolor*	Wilson's Phalarope / Falaropo Tricolor	M				
216	*Phalaropus lobatus*	Red-necked Phalarope / Falaropo Picofino	M				

La lista oficial de las aves de Costa Rica

217	*Phalaropus fulicarius*	Red Phalarope / Falaropo Rojo	M				
	Stercorariidae (4)						
218	*Stercorarius maccormicki*	South Polar Skua / Salteador Polar	A- SC				
219	*Stercorarius pomarinus*	Pomarine Jaeger / Págalo Pomarino	M				
220	*Stercorarius parasiticus*	Parasitic Jaeger / Págalo Parásito	M				
221	*Stercorarius longicaudus*	Long-tailed Jaeger / Págalo Colilargo	A				
	Laridae (32)						
222	*Creagrus furcatus*	Swallow-tailed Gull / Gaviota Tijereta	M				
223	*Rissa tridactyla*	Black-legged Kittiwake / Gaviota Tridáctila, Gaviota Patinegra	A				
224	*Xema sabini*	Sabine's Gull / Gaviota de Sabine	M				
225	*Chroicocephalus philadelphia*	Bonaparte's Gull / Gaviota de Bonaparte	A				
226	*Chroicocephalus cirrocephalus*	Gray-hooded Gull / Gaviota Cabecigris	A				
227	*Leucophaeus modestus*	Gray Gull / Gaviota Torero, Garuma	A				
228	*Leucophaeus atricilla*	Laughing Gull / Gaviota Reidora	M				
229	*Leucophaeus pipixcan*	Franklin's Gull / Gaviota de Franklin	M				
230	*Larus heermanni*	Heermann's Gull / Gaviota de Heermann	A- SC				
231	*Larus delawarensis*	Ring-billed Gull / Gaviota Piquianillada	M				
232	*Larus occidentalis*	Western Gull / Gaviota Occidental	A				
233	*Larus californicus*	California Gull / Gaviota Californiana	A				
234	*Larus argentatus*	Herring Gull / Gaviota Argéntea	M				
235	*Larus dominicanus*	Kelp Gull / Gaviota Cocinera, Gaviota Dominicana	A				
236	*Anous stolidus*	Brown Noddy / Tiñosa Común (Charrán Negro)	R				
237	*Anous minutus*	Black Noddy / Tiñosa Negra (Charrán Negro Pequeño)	R				
238	*Gygis alba*	White Tern / Charrán Blanco (Palomita del Espíritu Santo)	R				
239	*Onychoprion fuscatus*	Sooty Tern / Charrán Sombrío	M				
240	*Onychoprion anaethetus*	Bridled Tern / Charrán Embridado	RR, M				
241	*Sternula antillarum*	Least Tern / Charrán Chico o Menudo	M				

 La Asociación Ornitológica de Costa Rica - Comité Científico

242	*Phaetusa simplex*	Large-billed Tern / Charrán Picudo (Charrán de Río)	A					
243	*Gelochelidon nilotica*	Gull-billed Tern / Charrán Piquinegro	M					
244	*Hydroprogne caspia*	Caspian Tern / Pagaza Mayor o Piquirojo	M					
245	*Larosterna inca*	Inca Tern / Charrán Inca	A					
246	*Chlidonias niger*	Black Tern / Charrancito Negro o Fumarel	M					
247	*Sterna hirundo*	Common Tern / Charrán Común	M					
248	*Sterna paradisaea*	Arctic Tern / Charrán Viajero	M?- SC					
249	*Sterna forsteri*	Forster's Tern / Charrán de Forster	M					
250	*Thalasseus maximus*	Royal Tern / Pagaza Real	M					
251	*Thalasseus sandvicensis*	Sandwich Tern / Pagaza Puntiamarilla	M					
252	*Thalasseus elegans*	Elegant Tern / Pagaza Elegante	M					
253	*Rynchops niger*	Black Skimmer / Rayador Negro	M					

Columbiformes

Columbidae (25)

254	*Columba livia*	Rock Pigeon / Paloma Doméstica (Paloma de Castilla)	R					
255	*Patagioenas cayennensis*	Pale-vented Pigeon / Paloma Colorada (Paloma Morada)	R					
256	*Patagioenas speciosa*	Scaled Pigeon / Paloma Escamosa (Paloma Morada)	R					
257	*Patagioenas leucocephala*	White-crowned Pigeon / Paloma Coroniblanca	A					
258	*Patagioenas flavirostris*	Red-billed Pigeon / Paloma Piquirroja (Paloma Morada Común)	R					
259	*Patagioenas fasciata*	Band-tailed Pigeon / Paloma Collareja	R					
260	*Patagioenas subvinacea*	Ruddy Pigeon / Paloma Rojiza (Paloma Morada)	R					
261	*Patagioenas nigrirostris*	Short-billed Pigeon / Paloma Piquicorta (Paloma Morada, Dos-tontos-son)	R					
262	*Columbina inca*	Inca Dove / Tortolita Colilarga (San Juan, Tórtola)	R					
263	*Columbina passerina*	Common Ground-Dove / Tortolita Común (Tortolita, Palomita)	R					

La lista oficial de las aves de Costa Rica

264	*Columbina minuta*	Plain-breasted Ground-Dove / Tortolita Menuda (Tortolita, Conchita)	R			
265	*Columbina talpacoti*	Ruddy Ground-Dove / Tortolita Rojiza (Tortolita, Palomita Colorada)	R			
266	*Claravis pretiosa*	Blue Ground-Dove / Tortolita Azulada	R			
267	*Claravis mondetoura*	Maroon-chested Ground-Dove / Tortolita Serranera	R			
268	*Geotrygon montana*	Ruddy Quail-Dove / Paloma-Perdiz Rojiza	R			
269	*Geotrygon violacea*	Violaceous Quail-Dove / Paloma-Perdiz Violácea	R			
270	*Leptotrygon veraguensis*	Olive-backed Quail-Dove / Paloma-Perdiz Bigotiblanca	R			
271	*Leptotila verreauxi*	White-tipped Dove / Paloma Coliblanca (Coliblanca, Yuré)	R			
272	*Leptotila cassinii*	Gray-chested Dove / Paloma Pechigrís (Yuré)	R			
273	*Leptotila plumbeiceps*	Gray-headed Dove / Paloma Coronigrís (Yuré)	R			
274	*Zentrygon costaricensis*	Buff-fronted Quail-Dove / Paloma-Perdiz Costarriqueña	R-END			
275	*Zentrygon lawrencii*	Purplish-backed Quail-Dove / Paloma-Perdiz Sombría	R			
276	*Zentrygon chiriquensis*	Chiriqui Quail-Dove / Paloma-Perdiz Pechicanela	R-END			
277	*Zenaida asiatica*	White-winged Dove / Paloma Aliblanca (Arrocera)	R, M			
278	*Zenaida macroura*	Mourning Dove / Paloma Rabuda	R, M			

Cuculiformes

Cuculidae (12)

279	*Piaya cayana*	Squirrel Cuckoo / Cuco Ardilla (Bobo Chiso, Cacao, San Miguel)	R			
280	*Coccyzus americanus*	Yellow-billed Cuckoo / Cuclillo Piquigualdo	M			
281	*Coccyzus minor*	Mangrove Cuckoo / Cuclillo de Antifaz u Orejinegro	R?, M			

La Asociación Ornitológica de Costa Rica - Comité Científico

282		*Coccyzus ferrugineus*	Cocos Cuckoo / Cuclillo de la Isla del Coco	R-END				
283		*Coccyzus erythropthalmus*	Black-billed Cuckoo / Cuclillo Piquinegro	M				
284		*Tapera naevia*	Striped Cuckoo / Cuclillo Listado (Rondero, Tres Pesos, Ave de las Ánimas)	R				
285		*Dromococcyx phasianellus*	Pheasant Cuckoo / Cuclillo Faisán	R				
286		*Morococcyx erythropygus*	Lesser Ground-Cuckoo / Cuclillo Sabanero (Horero)	R				
287		*Neomorphus geoffroyi*	Rufous-vented Ground-Cuckoo / Cuco Hormiguero	R				
288		*Crotophaga major*	Greater Ani / Garrapatero Mayor (Tijo) AOCR	A				
289		*Crotophaga ani*	Smooth-billed Ani / Garrapatero Piquiliso (Tijo, Tinco)	R				
290		*Crotophaga sulcirostris*	Groove-billed Ani / Garrapatero Piquiestriado (Tijo, Tinco, Zopilotillo)	R				
Strigiformes								
	Tytonidae (1)							
291		*Tyto alba*	Barn-Owl / Lechuza Ratonera (Lechuza de Campanario, Cara de Gato, Búho)	R				
	Strigidae (16)							
292		*Megascops cooperi*	Pacific Screech-Owl / Lechucita Sabanera (Ju de León, Estucurú o Sorococa)	R				
293		*Megascops choliba*	Tropical Screech-Owl / Lechucita Neotropical (Estucurú o Sorococa)	R				
294		*Megascops guatemalae*	Vermiculated Screech-Owl / Lechucita Vermiculada (Estucurú o Sorococa)	R				
295		*Megascops clarkii*	Bare-shanked Screech-Owl / Lechucita Serranera (Estucurú o Sorococa)	R-END				
296		*Lophostrix cristata*	Crested Owl / Búho Penachudo	R				
297		*Pulsatrix perspicillata*	Spectacled Owl / Búho de Anteojos (Oropopo)	R				

La lista oficial de las aves de Costa Rica

298		*Bubo virginianus*	Great Horned Owl / Búho Grande	R?			
299		*Glaucidium costaricanum*	Costa Rican Pygmy-Owl / Mochuelo Montañero	R-END			
300		*Glaucidium griseiceps*	Central American Pygmy-Owl / Mochuelo Enano	R			
301		*Glaucidium brasilianum*	Ferruginous Pygmy-Owl / Mochuelo Común (Cuatro Ojos, Majafierro)	R			
302		*Athene cunicularia*	Burrowing Owl / Lechuza Terrestre o Llanera	A			
303		*Ciccaba virgata*	Mottled Owl / Lechuza Café (Ju de León)	R			
304		*Ciccaba nigrolineata*	Black-and-white Owl / Lechuza Blanco y Negro	R			
305		*Asio flammeus*	Short-eared Owl / Lechuza Campestre	A			
306		*Pseudoscops clamator*	Striped Owl / Búho Listado	R			
307		*Aegolius ridgwayi*	Unspotted Saw-whet Owl / Lechucita Parda (Lechucita de Alfaro)	R			
Caprimulgiformes							
	Caprimulgidae (10)						
308		*Lurocalis semitorquatus*	Short-tailed Nighthawk / Añapero Colicorto	R			
309		*Chordeiles acutipennis*	Lesser Nighthawk / Añapero Menor (Gavilán)	R, M			
310		*Chordeiles minor*	Common Nighthawk / Añapero Zumbón	RR, M			
311		*Nyctidromus albicollis*	Common Pauraque / Tapacaminos Común (Cuyeo, Pucuyo)	R			
312		*Nyctiphrynus ocellatus*	Ocellated Poorwill / Chotacabras Ocelado	R			
313		*Antrostomus carolinensis*	Chuck-will's-widow / Chotacabras de Paso	M			
314		*Antrostomus rufus*	Rufous Nightjar / Chotacabras Rojizo	R			
315		*Antrostomus vociferus*	Eastern Whip-poor-will / Chotacabras Norteño	M?			
316		*Antrostomus saturatus*	Dusky Nightjar / Chotacabras Sombrío (Tres Cobijas)	R-END			

 La Asociación Ornitológica de Costa Rica - Comité Científico

317	*Hydropsalis cayennensis*	White-tailed Nightjar / Chotacabras Coliblanco	R				
	Nyctibiidae (3)						
318	*Nyctibius grandis*	Great Potoo / Nictibio Grande (Pájaro Estaca, Leona, Bruja)	R				
319	*Nyctibius griseus*	Common Potoo / Nictibio Común (Pájaro Estaca, Pájaro Palo)	R				
320	*Nyctibius jamaicensis*	Northern Potoo / Nictibio Norteño (Pájaro Estaca, Gozona)	R				
	Steatornithidae (1)						
321	*Steatornis caripensis*	Oilbird / Guácharo	R?				

Apodiformes

	Apodidae (11)						
322	*Cypseloides niger*	Black Swift / Vencejo Negro	R, M				
323	*Cypseloides cryptus*	White-chinned Swift / Vencejo Sombrío	R				
324	*Cypseloides cherriei*	Spot-fronted Swift / Vencejo de Cherrie	R				
325	*Streptoprocne rutila*	Chestnut-collared Swift / Vencejo Cuellicastaño	R				
326	*Streptoprocne zonaris*	White-collared Swift / Vencejón Collarejo (Golondrón)	R				
327	*Chaetura pelagica*	Chimney Swift / Vencejo de Paso	M				
328	*Chaetura vauxi*	Vaux's Swift / Vencejo Común	R				
329	*Chaetura fumosa*	Costa Rican Swift / Vencejo de Rabadilla Clara	R-END				
330	*Chaetura cinereiventris*	Gray-rumped Swift / Vencejo Lomigrís	R				
331	*Panyptila cayennensis*	Lesser Swallow-tailed Swift / Vencejo Tijereta Menor (Macuá)	R				
332	*Panyptila sanctihieronymi*	Great Swallow-tailed Swift / Vencejo Tijereta Mayor	A- SC				
	Trochilidae (52)						
333	*Florisuga mellivora*	White-necked Jacobin / Jacobino Nuquiblanco	R				
334	*Eutoxeres aquila*	White-tipped Sicklebill / Pico de Hoz	R				

La lista oficial de las aves de Costa Rica

335		*Glaucis aeneus*	Bronzy Hermit / Ermitaño Bronceado	R					
336		*Threnetes ruckeri*	Band-tailed Barbthroat / Ermitaño Barbudo	R					
337		*Phaethornis guy*	Green Hermit / Ermitaño Verde	R					
338		*Phaethornis longirostris*	Long-billed Hermit / Ermitaño Colilargo	R					
339		*Phaethornis striigularis*	Stripe-throated Hermit / Ermitaño Enano	R					
340		*Doryfera ludovicae*	Green-fronted Lancebill / Pico de Lanza Frentiverde	R					
341		*Colibri delphinae*	Brown Violetear / Colibrí Orejivioláceo Pardo	R					
342		*Colibri thalassinus*	Green Violetear / Colibrí Orejivioláceo Verde	R					
343		*Heliothryx barroti*	Purple-crowned Fairy / Colibrí Picopunzón	R					
344		*Anthracothorax prevostii*	Green-breasted Mango / Colibrí Manguito Pechiverde	R					
345		*Anthracothorax veraguensis*	Veraguan Mango / Colibrí Manguito de Veragua	R?					
346		*Discosura conversii*	Green Thorntail / Colibrí Colicerda Verde	R					
347		*Lophornis delattrei*	Rufous-crested Coquette / Coqueta Crestirrojiza	R?					
348		*Lophornis helenae*	Black-crested Coquette / Coqueta Crestinegra	R					
349		*Lophornis adorabilis*	White-crested Coquette / Coqueta Crestiblanca	R-END					
350		*Heliodoxa jacula*	Green-crowned Brilliant / Colibrí Brillante Frentiverde	R					
351		*Eugenes fulgens*	Magnificent Hummingbird / Colibrí Magnífico	R					
352		*Panterpe insignis*	Fiery-throated Hummingbird / Colibrí Garganta de Fuego	R-END					
353		*Heliomaster longirostris*	Long-billed Starthroat / Colibrí Piquilargo (Pochotero del Sur)	R					
354		*Heliomaster constantii*	Plain-capped Starthroat / Colibrí Pochotero	R					
355		*Lampornis hemileucus*	White-bellied Mountain-gem / Colibrí Montañes Vientriblanco	R-END					

La Asociación Ornitológica de Costa Rica - Comité Científico

			R-END					
356	*Lampornis calolaemus*	Purple-throated Mountain-gem / Colibrí Montañes Gorgimorado	R-END					
357	*Lampornis castaneoventris*	White-throated Mountain-gem / Colibrí Montañes Coligrís, Colibrí Montañes Gorgiblanco	R-END					
358	*Calliphlox bryantae*	Magenta-throated Woodstar / Colibrí Estrellita Gorgimorada	R-END					
359	*Archilochus colubris*	Ruby-throated Hummingbird / Colibrí Garganta de Rubí	M					
360	*Selasphorus flammula*	Volcano Hummingbird / Colibrí Chispita Volcanera (Chispita, Colibrí Mosca)	R-END					
361	*Selasphorus scintilla*	Scintillant Hummingbird / Colibrí Chispita Gorginaranja (Chispita, Colibrí Mosca)	R-END					
362	*Chlorostilbon canivetii*	Canivet's Emerald / Esmeralda Rabihorcada	R					
363	*Chlorostilbon assimilis*	Garden Emerald / Colibrí Esmeralda Jardinero	R-END					
364	*Klais guimeti*	Violet-headed Hummingbird / Colibrí Cabeciazul	R					
365	*Phaeochroa cuvierii*	Scaly-breasted Hummingbird / Colibrí Pechiescamado	R					
366	*Campylopterus hemileucurus*	Violet Sabrewing / Ala de Sable Violáceo	R					
367	*Eupherusa eximia*	Stripe-tailed Hummingbird / Colibrí Colirrayado	R					
368	*Eupherusa nigriventris*	Black-bellied Hummingbird / Colibrí Pechinegro	R-END					
369	*Elvira chionura*	White-tailed Emerald / Esmeralda Coliblanca	R-END					
370	*Elvira cupreiceps*	Coppery-headed Emerald / Esmeralda de Coronilla Cobriza	R-END					
371	*Microchera albocoronata*	Snowcap / Colibrí Copete de Nieve	R-END					
372	*Chalybura urochrysia*	Bronze-tailed Plumeleteer / Colibrí Patirrojo	R					
373	*Thalurania colombica*	Crowned Woodnymph / Colibrí Ninfa Verde-Violeta	R					
374	*Amazilia candida*	White-bellied Emerald / Amazilia Pechiblanca (Gorrión)	R?					

La lista oficial de las aves de Costa Rica

375	*Amazilia amabilis*	Blue-chested Hummingbird / Amazilia Pechiazul (Gorrión)	R				
376	*Amazilia decora*	Charming Hummingbird / Amazilia Corona de Berilo (Gorrión)	R-END				
377	*Amazilia boucardi*	Mangrove Hummingbird / Amazilia Manglera (Gorrión)	R-END				
378	*Amazilia cyanura*	Blue-tailed Hummingbird / Amazilia Coliazul (Gorrión)	R				
379	*Amazilia saucerrottei*	Steely-vented Hummingbird / Amazilia Culiazul (Gorrión)	R				
380	*Amazilia edward*	Snowy-bellied Hummingbird / Amazilia Vientriblanca (Gorrión)	R-END				
381	*Amazilia tzacatl*	Rufous-tailed Hummingbird / Amazilia Rabirrufa (Gorrión)	R				
382	*Amazilia rutila*	Cinnamon Hummingbird / Amazilia Canela (Gorrión)	R				
383	*Lepidopyga coeruleogularis*	Sapphire-throated Hummingbird / Colibrí Garganta de Zafiro	R?				
384	*Hylocharis eliciae*	Blue-throated Goldentail / Colibrí Colidorado	R				
Trogoniformes							
	Trogonidae (10)						
385	*Trogon clathratus*	Lattice-tailed Trogon / Trogón Ojiblanco	R-END				
386	*Trogon massena*	Slaty-tailed Trogon / Trogón Coliplomizo (Caicota)	R				
387	*Trogon melanocephalus*	Black-headed Trogon / Trogón Cabecinegro (Viuda Amarilla)	R				
388	*Trogon bairdii*	Baird's Trogon / Trogón Vientribermejo	R-END				
389	*Trogon caligatus*	Gartered Trogon / Trogón Violáceo	R				
390	*Trogon rufus*	Black-throated Trogon / Trogón Cabeciverde	R				
391	*Trogon elegans*	Elegant Trogon / Trogón Elegante (Viuda Roja)	R				
392	*Trogon collaris*	Collared Trogon / Trogón Collarejo (Viuda Roja, Quetzal Macho)	R				
393	*Trogon aurantiiventris*	Orange-bellied Trogon / Trogón Vientrianaranjado	R-END				

La Asociación Ornitológica de Costa Rica - Comité Científico

394		*Pharomachrus mocinno*	Resplendent Quetzal / Quetzal (Coludo)	R			

Coraciiformes

Momotidae (6)

395		*Hylomanes momotula*	Tody Motmot / Momoto Enano (Pájaro Bobo)	R			
396		*Momotus momota*	Blue-crowned Motmot / Momoto Común (Pájaro Bobo, Bobo Azul)	R			
397		*Baryphthengus martii*	Rufous Motmot / Momoto Canelo Mayor (Pájaro Bobo)	R			
398		*Electron carinatum*	Keel-billed Motmot / Momoto Pico Quilla (Pájaro Bobo)	R			
399		*Electron platyrhynchum*	Broad-billed Motmot / Momoto Piquiancho (Pájaro Bobo)	R			
400		*Eumomota superciliosa*	Turquoise-browed Motmot / Momoto Cejiceleste (Pájaro Bobo)	R			

Alcedinidae (6)

401		*Megaceryle torquatus*	Ringed Kingfisher / Martín Pescador Collarejo	R			
402		*Megaceryle alcyon*	Belted Kingfisher / Martín Pescador Norteño	M			
403		*Chloroceryle amazona*	Amazon Kingfisher / Martín Pescador Amazónico	R			
404		*Chloroceryle americana*	Green Kingfisher / Martín Pescador Verde	R			
405		*Chloroceryle inda*	Green-and-rufous Kingfisher / Martín Pescador Vientrirrufo	R			
406		*Chloroceryle aenea*	American Pygmy Kingfisher / Martín Pescador Enano	R			

Piciformes

Bucconidae (5)

407		*Notharchus hyperrhynchus*	White-necked Puffbird / Buco Collarejo	R			
408		*Notharchus tectus*	Pied Puffbird / Buco Pinto	R			
409		*Malacoptila panamensis*	White-whiskered Puffbird / Buco Barbón	R			

La lista oficial de las aves de Costa Rica

410	*Micromonacha lanceolata*	Lanceolated Monklet / Monjito Rayado	R				
411	*Monasa morphoeus*	White-fronted Nunbird / Monja Frentiblanca (Julío)	R				
Galbulidae (2)							
412	*Galbula ruficauda*	Rufous-tailed Jacamar / Jacamar Rabirrufo (Gorrión de Montaña)	R				
413	*Jacamerops aureus*	Great Jacamar / Jacamar Grande	R				
Capitonidae (1)							
414	*Eubucco bourcierii*	Red-headed Barbet / Barbudo Cabecirrojo (Ruano)	R				
Semnornithidae (1)							
415	*Semnornis frantzii*	Prong-billed Barbet / Barbudo Cocora (Cocora, Carcareón)	R-END				
Ramphastidae (6)							
416	*Aulacorhynchus prasinus*	Emerald Toucanet / Tucancillo Verde (Curré, Curré Verde)	R				
417	*Pteroglossus torquatus*	Collared Aracari / Tucancillo Collarejo (Cusingo, Tití, Félix)	R				
418	*Pteroglossus frantzii*	Fiery-billed Aracari / Tucancillo Piquianaranjado (Cusingo, Cachis, Filí)	R-END				
419	*Selenidera spectabilis*	Yellow-eared Toucanet / Tucancillo Orejiamarillo	R-END				
420	*Ramphastos sulfuratus*	Keel-billed Toucan / Tucán Pico Iris (Tucán Pico Arcoiris, Curré Negro)	R				
421	*Ramphastos ambiguus*	Black-mandibled Toucan / Tucán Pico Negro (Quioro, Dios te dé, Gran Curré Negro)	R				
Picidae (16)							
422	*Picumnus olivaceus*	Olivaceous Piculet / Carpinterito Oliváceo (Telegrafista)	R				
423	*Melanerpes formicivorus*	Acorn Woodpecker / Carpintero Careto (Payasito)	R				

La Asociación Ornitológica de Costa Rica - Comité Científico

424	*Melanerpes chrysauchen*	Golden-naped Woodpecker / Capintero Nuquidorado	R-END				
425	*Melanerpes pucherani*	Black-cheeked Woodpecker / Carpintero Carinegro	R				
426	*Melanerpes rubricapillus*	Red-crowned Woodpecker / Carpintero Nuquirrojo	R				
427	*Melanerpes hoffmannii*	Hoffmann's Woodpecker / Carpintero de Hoffmann	R-END				
428	*Sphyrapicus varius*	Yellow-bellied Sapsucker / Carpintero Bebedor	M				
429	*Picoides fumigatus*	Smoky-brown Woodpecker / Carpintero Pardo	R				
430	*Picoides villosus*	Hairy Woodpecker / Carpintero Serranero o Velloso	R				
431	*Veniliornis kirkii*	Red-rumped Woodpecker / Carpintero Lomirrojo	R				
432	*Piculus simplex*	Rufous-winged Woodpecker / Carpintero Alirrufo	R-END				
433	*Colaptes rubiginosus*	Golden-olive Woodpecker / Carpintero Verde Dorado	R				
434	*Celeus loricatus*	Cinnamon Woodpecker / Carpintero Canelo	R				
435	*Celeus castaneus*	Chestnut-colored Woodpecker / Carpintero Castaño	R				
436	*Dryocopus lineatus*	Lineated Woodpecker / Carpintero Lineado	R				
437	*Campephilus guatemalensis*	Pale-billed Woodpecker / Carpintero Picoplata (Dos Golpes, Carpintero Chiricano)	R				
Falconiformes							
	Falconidae (13)						
438	*Micrastur ruficollis*	Barred Forest-Falcon / Halcón de Monte Barreteado	R				
439	*Micrastur mirandollei*	Slaty-backed Forest-Falcon / Halcón de Monte Dorsigrís	R				
440	*Micrastur semitorquatus*	Collared Forest-Falcon / Halcón de Monte Collarejo	R				

La lista oficial de las aves de Costa Rica

441	*Ibycter americanus*	Red-throated Caracara / Caracara Avispera (Cacao, Come Cacao, Deslenguado)	R				
442	*Caracara cheriway*	Crested Caracara / Caracara Cargahuesos (Cargahuesos, Querque, Quebrantahuesos)	R				
443	*Milvago chimachima*	Yellow-headed Caracara / Caracara Cabecigualdo (Gavilán Blanco)	R				
444	*Herpetotheres cachinnans*	Laughing Falcon / Guaco	R				
445	*Falco sparverius*	American Kestrel / Cernícalo Americano (Klis-Klis, Camaleón)	M				
446	*Falco columbarius*	Merlin / Esmerejón	M				
447	*Falco femoralis*	Aplomado Falcon / Halcón Aplomado	M?				
448	*Falco rufigularis*	Bat Falcon / Halcón Cuelliblanco	R				
449	*Falco deiroleucus*	Orange-breasted Falcon / Halcón Pechirrufo	R?				
450	*Falco peregrinus*	Peregrine Falcon / Halcón Peregrino	M				

Psittaciformes

	Psittacidae (17)						
451	*Pyrrhura hoffmanni*	Sulphur-winged Parakeet / Perico Aliazufrado	R-END				
452	*Eupsittula nana*	Olive-throated Parakeet / Perico Azteco	R				
453	*Eupsittula canicularis*	Orange-fronted Parakeet / Perico Frentinaranja (Catano, Periquito, Zapoyol)	R				
454	*Eupsittula pertinax*	Brown-throated Parakeet / Perico Gorgicafé	R				
455	*Ara ambiguus*	Great Green Macaw / Guacamayo Verde Mayor (Lapa Verde)	R				
456	*Ara macao*	Scarlet Macaw / Guacamayo Rojo (Lapa Roja, Lapa Colorada)	R				
457	*Psittacara finschiO*	Crimson-fronted Parakeet / Perico Frentirrojo (Cotorra, Chucuyo, Perico Colilarga o de Palmera)	R-END				
458	*Bolborhynchus lineola*	Barred Parakeet / Perico Listado	R				

La Asociación Ornitológica de Costa Rica - Comité Científico

459	*Brotogeris jugularis*	Orange-chinned Parakeet / Periquito Barbinaranja (Perico, Zapoyolito, Chimbolito, Catano)	R				
460	*Touit costaricensis*	Red-fronted Parrotlet / Periquito Alirrojo	R-END				
461	*Pyrilia haematotis*	Brown-hooded Parrot / Loro Cabecipardo (Lora)	R				
462	*Pionus menstruus*	Blue-headed Parrot / Loro Cabeciazul (Chucuyo)	R				
463	*Pionus senilis*	White-crowned Parrot / Loro Coroniblanco (Cotorra, Chucuyo)	R				
464	*Amazona albifrons*	White-fronted Parrot / Loro Frentiblanco (Cancan, Lora)	R				
465	*Amazona autumnalis*	Red-lored Parrot / Loro Frentirrojo (Lora Jupa Roja)	R				
466	*Amazona farinosa*	Mealy Parrot / Loro Verde (Lora Cabeza Negra, Lora Jupa Gris)	R				
467	*Amazona auropalliata*	Yellow-naped Parrot / Lora de Nuca Amarilla (Lora Jupa Amarilla)	R				
	Thamnophilidae (22)						
468	*Cymbilaimus lineatus*	Fasciated Antshrike / Batará Lineado	R				
469	*Taraba major*	Great Antshrike / Batará Grande	R				
470	*Thamnophilus doliatus*	Barred Antshrike / Batará Barreteado	R				
471	*Thamnophilus bridgesi*	Black-hooded Antshrike / Batará Negruzco	R-END				
472	*Thamnophilus atrinucha*	Black-crowned Antshrike /Batará Plomizo	R				
473	*Thamnistes anabatinus*	Russet Antshrike / Batará Café	R				
474	*Dysithamnus mentalis*	Plain Antvireo / Batarito Cabecigrís	R				
475	*Dysithamnus striaticeps*	Streak-crowned Antvireo / Batarito Pechirrayado	R-END				
476	*Dysithamnus puncticeps*	Spot-crowned Antvireo / Batarito Cabecipunteado	R				
477	*Myrmotherula axillaris*	White-flanked Antwren / Hormiguerito Flanquiblanco	R				
478	*Myrmotherula schisticolor*	Slaty Antwren / Hormiguerito Pizarroso	R				
479	*Epinecrophylla fulviventris*	Checker-throated Antwren / Hormiguerito Café	R				

La lista oficial de las aves de Costa Rica

480	*Microrhopias quixensis*	Dot-winged Antwren / Hormiguerito Alipunteado	R					
481	*Euchrepomis callinota*	Rufous-rumped Antwren / Hormiguerito Lomirrufo	R					
482	*Cercomacra tyrannina*	Dusky Antbird / Hormiguero Negruzco	R					
483	*Gymnocichla nudiceps*	Bare-crowned Antbird / Hormiguero Calvo	R					
484	*Myrmeciza exsul*	Chestnut-backed Antbird / Hormiguero Dorsicastaño	R					
485	*Myrmeciza laemosticta*	Dull-mantled Antbird / Hormiguero Alimaculado	R					
486	*Myrmeciza zeledoni*	Zeledon's Antbird / Hormiguero de Zeledón	R					
487	*Hylophylax naevioides*	Spotted Antbird / Hormiguero Moteado	R					
488	*Gymnopithys bicolor*	Bicolored Antbird / Hormiguero Bicolor	R					
489	*Phaenostictus mcleannani*	Ocellated Antbird / Hormiguero Ocelado	R					
Conopophagidae (1)								
490	*Pittasoma michleri*	Black-crowned Antpitta / Tororoi Pechiescamoso (Hormiguero)	R-END					
Grallariidae (4)								
491	*Grallaria guatimalensis*	Scaled Antpitta / Tororoi Dorsiescamado (Hormiguero)	R					
492	*Hylopezus perspicillatus*	Streak-chested Antpitta / Tororoi Pechilistado (Hormiguero)	R					
493	*Hylopezus dives*	Thicket Antpitta / Tororoi Pechicanelo (Hormiguero)	R-END					
494	*Grallaricula flavirostris*	Ochre-breasted Antpitta / Tororoi Piquigualdo (Hormiguero)	R					
Rhinocryptidae (1)								
495	*Scytalopus argentifrons*	Silvery-fronted Tapaculo / Tapaculo Frentiplateado	R-END					

	Formicariidae (3)						
496	*Formicarius analis*	Black-faced Antthrush / Gallito Hormiguero Carinegro	R				
497	*Formicarius nigricapillus*	Black-headed Antthrush / Gallito Hormiguero Cabecinegro	R				
498	*Formicarius rufipectus*	Rufous-breasted Antthrush / Gallito Hormiguero Pechicastaño	R				
	Furnariidae (34)						
499	*Sclerurus mexicanus*	Tawny-throated Leaftosser / Tirahojas Pechirrufo	R				
500	*Sclerurus albigularis*	Gray-throated Leaftosser / Tirahojas Gargantigrís	R				
501	*Sclerurus guatemalensis*	Scaly-throated Leaftosser / Tirahojas Barbiescamado	R				
502	*Sittasomus griseicapillus*	Olivaceous Woodcreeper / Trepadorcito Aceitunado	R				
503	*Deconychura longicauda*	Long-tailed Woodcreeper / Trepador Delgado	R				
504	*Dendrocincla homochroa*	Ruddy Woodcreeper / Trepador Rojizo	R				
505	*Dendrocincla anabatina*	Tawny-winged Woodcreeper / Trepador Alirrubio	R				
506	*Dendrocincla fuliginosa*	Plain-brown Woodcreeper / Trepador Pardo	R				
507	*Glyphorhynchus spirurus*	Wedge-billed Woodcreeper / Trepadorcito Pico de Cuña	R				
508	*Dendrocolaptes sanctithomae*	Northern-barred Woodcreeper / Trepador Barreteado	R				
509	*Dendrocolaptes picumnus*	Black-banded Woodcreeper / Trepador Vientribarreteado	R				
510	*Xiphocolaptes promeropirhynchus*	Strong-billed Woodcreeper / Trepador Gigante	R				
511	*Xiphorhynchus susurrans*	Cocoa Woodcreeper / Trepador Gorgianteado	R				
512	*Xiphorhynchus flavigaster*	Ivory-billed Woodcreeper / Trepador Piquiclaro	R				
513	*Xiphorhynchus lachrymosus*	Black-striped Woodcreeper / Trepador Pinto (Relinchero)	R				

La lista oficial de las aves de Costa Rica

514	*Xiphorhynchus erythropygius*	Spotted Woodcreeper / Trepador Manchado	R				
515	*Campylorhamphus pusillus*	Brown-billed Scythebill / Trepador Pico de Hoz	R				
516	*Lepidocolaptes souleyetii*	Streak-headed Woodcreeper / Trepador Cabecirrayado	R				
517	*Lepidocolaptes affinis*	Spot-crowned Woodcreeper / Trepador Cabecipunteado	R				
518	*Xenops minutus*	Plain Xenops / Xenops Común	R				
519	*Xenops rutilans*	Streaked Xenops / Xenops Rayado	R				
520	*Pseudocolaptes lawrencii*	Buffy Tuftedcheek / Trepamusgo Cachetón	R				
521	*Philydor rufum*	Buff-fronted Foliage-gleaner / Trepamusgo Rojizo	R				
522	*Anabacerthia variegaticeps*	Scaly-throated Foliage-gleaner / Trepamusgo de Anteojos	R				
523	*Syndactyla subalaris*	Lineated Foliage-gleaner / Trepamusgo Lineado	R				
524	*Clibanornis rubiginosus*	Ruddy Foliage-gleaner / Hojarrasquero Rojizo	R				
525	*Thripadectes rufobrunneus*	Streak-breasted Treehunter / Trepamusgo Cuellirojizo	R-END				
526	*Automolus ochrolaemus*	Buff-throated Foliage-gleaner / Hojarrasquero Gorgianteado	R				
527	*Automolus subulatus*	Striped Woodhunter / Trepamusgo Rayado	R				
528	*Premnoplex brunnescens*	Spotted Barbtail / Subepalo Moteado	R				
529	*Margarornis rubiginosus*	Ruddy Treerunner / Subepalo Rojizo (Chupamusgo)	R-END				
530	*Cranioleuca erythrops*	Red-faced Spinetail / Colaespina Carirroja	R				
531	*Synallaxis albescens*	Pale-breasted Spinetail / Arquitecto Güitío	R				
532	*Synallaxis brachyura*	Slaty Spinetail / Arquitecto Plomizo	R				
	Tyrannidae (83)						
533	*Ornithion semiflavum*	Yellow-bellied Tyrannulet / Mosquerito Cejiblanco	R				

La Asociación Ornitológica de Costa Rica - Comité Científico

534	*Ornithion brunneicapillus*	Brown-capped Tyrannulet / Mosquerito Gorricafé	R				
535	*Camptostoma imberbe*	Northern Beardless-Tyrannulet / Mosquerito Chillón	R, M?				
536	*Camptostoma obsoletum*	Southern Beardless-Tyrannulet / Mosquerito Silbador	R				
537	*Phaeomyias murina*	Mouse-colored Tyrannulet / Mosquerito Cafecito	R				
538	*Nesotriccus ridgwayi*	Cocos Flycatcher / Mosquerito de la Isla del Coco	R-END				
539	*Capsiempis flaveola*	Yellow Tyrannulet / Mosquerito Amarillo	R				
540	*Tyrannulus elatus*	Yellow-crowned Tyrannulet / Mosquerito Coroniamarillo	R				
541	*Myiopagis viridicata*	Greenish Elaenia / Elainia Verdosa (Tontillo)	R				
542	*Elaenia flavogaster*	Yellow-bellied Elaenia / Elainia Copetona (Tontillo, Bobillo, Copetoncillo)	R				
543	*Elaenia chiriquensis*	Lesser Elaenia / Elainia Sabanera (Tontillo)	R				
544	*Elaenia frantzii*	Mountain Elaenia / Elainia Montañera (Tontillo, Bobillo)	R				
545	*Serpophaga cinerea*	Torrent Tyrannulet / Mosquerito Guardarrios	R				
546	*Mionectes olivaceus*	Olive-striped Flycatcher / Mosquerito Ojimanchado (Tontillo)	R				
547	*Mionectes oleagineus*	Ochre-bellied Flycatcher / Mosquerito Aceitunado (Tontillo)	R				
548	*Leptopogon amaurocephalus*	Sepia-capped Flycatcher / Mosquerito Cabecipardo	R				
549	*Leptopogon superciliaris*	Slaty-capped Flycatcher / Mosquerito Orejinegro	R				
550	*Phylloscartes superciliaris*	Rufous-browed Tyrannulet / Mosquerito Cejirrufo	R				
551	*Phyllomyias burmeisteri*	Rough-legged Tyrannulet / Mosquerito Frentiblanco	R				
552	*Zimmerius vilissimus*	Paltry Tyrannulet / Mosquerito Cejigrís	R				
553	*Sublegatus arenarum*	Northern Scrub-Flycatcher / Mosquero Gorgigrís	R				

La lista oficial de las aves de Costa Rica

554	*Myiornis atricapillus*	Black-capped Pygmy-Tyrant / Mosquerito Colicorto	R				
555	*Lophotriccus pileatus*	Scale-crested Pygmy-Tyrant / Mosquerito de Yelmo	R				
556	*Oncostoma cinereigulare*	Northern Bentbill / Piquitorcido Norteño (Brujita)	R				
557	*Poecilotriccus sylvia*	Slate-headed Tody-Flycatcher / Espatulilla Cabecigrís	R				
558	*Todirostrum cinereum*	Common Tody-Flycatcher / Espatulilla Común (Espatulilla, Mantequillilla)	R				
559	*Todirostrum nigriceps*	Black-headed Tody-Flycatcher / Espatulilla Cabecinegra	R				
560	*Rhynchocyclus brevirostris*	Eye-ringed Flatbill / Piquiplano de Anteojos	R				
561	*Tolmomyias sulphurescens*	Yellow-olive Flycatcher / Piquiplano Azufrado	R				
562	*Tolmomyias assimilis*	Yellow-margined Flycatcher / Piquiplano Aliamarillo	R				
563	*Platyrinchus cancrominus*	Stub-tailed Spadebill / Piquichato Norteño	R				
564	*Platyrinchus mystaceus*	White-throated Spadebill / Piquichato Gargantiblanco	R				
565	*Platyrinchus coronatus*	Golden-crowned Spadebill / Piquichato Coronirrufo	R				
566	*Onychorhynchus coronatus*	Royal Flycatcher / Mosquero Real	R				
567	*Terenotriccus erythrurus*	Ruddy-tailed Flycatcher / Mosquerito Colirrufo	R				
568	*Myiobius sulphureipygius*	Sulphur-rumped Flycatcher / Mosquerito Lomiamarillo	R				
569	*Myiobius atricaudus*	Black-tailed Flycatcher / Mosquerito Colinegro	R				
570	*Myiophobus fasciatus*	Bran-colored Flycatcher / Mosquerito Pechirrayado	R				
571	*Aphanotriccus capitalis*	Tawny-chested Flycatcher / Mosquerito Pechileonado	R-END				
572	*Mitrephanes phaeocercus*	Tufted Flycatcher / Mosquerito Moñudo	R				
573	*Contopus cooperi*	Olive-sided Flycatcher / Pibí Boreal (Tontillo)	M				
574	*Contopus lugubris*	Dark Pewee / Pibí Sombrío (Tontillo)	R-END				

La Asociación Ornitológica de Costa Rica - Comité Científico

575	Contopus ochraceus	Ochraceous Pewee / Pibí Ocráceo (Tontillo)	R-END					
576	Contopus sordidulus	Western Wood-Pewee / Pibí Occidental (Tontillo, Piguí)	M, R?					
577	Contopus virens	Eastern Wood-Pewee / Pibí Oriental (Tontillo, Piguí)	M					
578	Contopus cinereus	Tropical Pewee / Pibí Tropical (Tontillo, Piguí)	R					
579	Empidonax flaviventris	Yellow-bellied Flycatcher / Mosquerito Vientriamarillo	M					
580	Empidonax virescens	Acadian Flycatcher / Mosquerito Verdoso	M					
581	Empidonax alnorum	Alder Flycatcher / Mosquerito de Charral	M					
582	Empidonax traillii	Willow Flycatcher / Mosquerito de Traill	M					
583	Empidonax albigularis	White-throated Flycatcher / Mosquerito Gargantiblanco	R, M					
584	Empidonax minimus	Least Flycatcher / Mosquerito Chebec	M					
585	Empidonax flavescens	Yellowish Flycatcher / Mosquerito Amarillento	R					
586	Empidonax atriceps	Black-capped Flycatcher / Mosquerito Cabecinegro	R-END					
587	Sayornis nigricans	Black Phoebe / Mosquero de Agua	R					
588	Sayornis phoebe	Eastern Phoebe / Mosquero Fibí	A					
589	Pyrocephalus rubinus	Vermilion Flycatcher / Mosquerito Rojo	A					
590	Colonia colonus	Long-tailed Tyrant / Mosquero Coludo	R					
591	Attila spadiceus	Bright-rumped Attila / Atila Lomiamarilla	R					
592	Rhytipterna holerythra	Rufous Mourner / Plañidera Rojiza	R					
593	Myiarchus tuberculifer	Dusky-capped Flycatcher / Copetón Crestioscuro (Tontillo)	R					
594	Myiarchus panamensis	Panama Flycatcher / Copetón Colipardo (Tontillo)	R					
595	Myiarchus cinerascens	Ash-throated Flycatcher / Copetón Garganticeniza (Tontillo)	A					
596	Myiarchus nuttingi	Nutting's Flycatcher / Copetón de Nutting (Tontillo)	R					
597	Myiarchus crinitus	Great Crested Flycatcher / Copetón Viajero (Tontillo)	M					

La lista oficial de las aves de Costa Rica

598	*Myiarchus tyrannulus*	Brown-crested Flycatcher / Copetón Crestipardo (Tontillo)	R				
599	*Pitangus sulphuratus*	Great Kiskadee / Bienteveo Grande (Cristo Fue, Pecho Amarillo)	R				
600	*Megarhynchus pitangua*	Boat-billed Flycatcher / Mosquerón Picudo (Pecho Amarillo)	R				
601	*Myiozetetes cayanensis*	Rusty-margined Flycatcher / Mosquero Alicastaño (Pecho Amarillo)	R				
602	*Myiozetetes similis*	Social Flycatcher / Mosquero Cejiblanco (Pecho Amarillo)	R				
603	*Myiozetetes granadensis*	Gray-capped Flycatcher / Mosquero Cabecigrís (Pecho Amarillo)	R				
604	*Conopias albovittatus*	White-ringed Flycatcher / Mosquero Cabecianillado (Pecho Amarillo)	R				
605	*Myiodynastes hemichrysus*	Golden-bellied Flycatcher / Mosquero Vientridorado (Pecho Amarillo)	R-END				
606	*Myiodynastes maculatus*	Streaked Flycatcher / Mosquero Listado (Pecho Amarillo)	R, RR, M				
607	*Myiodynastes luteiventris*	Sulphur-bellied Flycatcher / Mosquero Vientriazufrado (Pecho Amarillo)	RR, M				
608	*Legatus leucophaius*	Piratic Flycatcher / Mosquero Pirata (Pecho Amarillo)	RR, M				
609	*Tyrannus melancholicus*	Tropical Kingbird / Tirano Tropical (Pecho Amarillo)	R				
610	*Tyrannus verticalis*	Western Kingbird / Tirano Occidental (Pecho Amarillo)	M				
611	*Tyrannus tyrannus*	Eastern Kingbird / Tirano Norteño (Viuda Negra)	M				
612	*Tyrannus dominicensis*	Gray Kingbird / Tirano Gris	M				
613	*Tyrannus forficatus*	Scissor-tailed Flycatcher / Tijereta Rosada (Tijerilla)	M				
614	*Tyrannus savana*	Fork-tailed Flycatcher / Tijereta Sabanera (Tijerilla)	R, M?				
	Genus Incertae Sedis						
615	*Piprites griseiceps*	Gray-headed Piprites / Saltarín Cabecigrís	R				

La Asociación Ornitológica de Costa Rica - Comité Científico

Tityridae (9)								
616	*Schiffornis veraepacis*	Northern Schiffornis / Tordo-saltarín	R					
617	*Laniocera rufescens*	Speckled Mourner / Plañidera Moteada	R					
618	*Tityra semifasciata*	Masked Tityra / Tityra Carirroja (Pájaro Chancho, Calandria)	R					
619	*Tityra inquisitor*	Black-crowned Tityra / Tityra Coroninegra (Pájaro Chancho)	R					
620	*Pachyramphus versicolor*	Barred Becard / Cabezón Ondeado	R					
621	*Pachyramphus cinnamomeus*	Cinnamon Becard / Cabezón Canelo	R					
622	*Pachyramphus polychopterus*	White-winged Becard / Cabezón Aliblanco	R					
623	*Pachyramphus albogriseus*	Black-and-white Becard / Cabezón Cejiblanco	R					
624	*Pachyramphus aglaiae*	Rose-throated Becard / Cabezón Plomizo	R					
Cotingidae (8)								
625	*Querula purpurata*	Purple-throated Fruitcrow / Querula Gorgimorada	R					
626	*Cephalopterus glabricollis*	Bare-necked Umbrellabird / Pájaro-sombrilla Cuellinudo (Pájaro Danta)	R-END					
627	*Cotinga amabilis*	Lovely Cotinga / Cotinga Linda	R					
628	*Cotinga ridgwayi*	Turquoise Cotinga / Cotinga Turquesa	R-END					
629	*Lipaugus unirufus*	Rufous Piha / Piha Rojiza	R					
630	*Procnias tricarunculatus*	Three-wattled Bellbird / Campanero Tricarunculado (Pájaro Campana, Rin-Ran, Calandria)	R-END					
631	*Carpodectes antoniae*	Yellow-billed Cotinga / Cotinga Piquiamarillo	R-END					
632	*Carpodectes nitidus*	Snowy Cotinga / Cotinga Blanca	R-END					
Pipridae (8)								
633	*Corapipo altera*	White-ruffed Manakin / Saltarín Gorgiblanco	R					
634	*Chiroxiphia lanceolata*	Lance-tailed Manakin / Saltarín Coludo (Toledo)	R					

La lista oficial de las aves de Costa Rica

635	*Chiroxiphia linearis*	Long-tailed Manakin / Saltarín Toledo (Toledo)	R				
636	*Dixiphia pipra*	White-crowned Manakin / Saltarín Coroniblanco	R				
637	*Ceratopipra mentalis*	Red-capped Manakin / Saltarín Cabecirrojo	R				
638	*Manacus candei*	White-collared Manakin / Saltarín Cuelliblanco (Quiebrapalos, Quiebraramas, Bailarín)	R				
639	*Manacus aurantiacus*	Orange-collared Manakin / Saltarín Cuellinaranja (Quiebrapalos, Hombrecillo)	R-END				
640	*Lepidothrix coronata*	Blue-crowned Manakin / Saltarín Coroniceleste	R				
Oxyruncidae (1)							
641	*Oxyruncus cristatus*	Sharpbill / Picoagudo	R				
Vireonidae (16)							
642	*Vireo griseus*	White-eyed Vireo / Vireo Ojiblanco	M				
643	*Vireo pallens*	Mangrove Vireo / Vireo de Manglar	R				
644	*Vireo flavifrons*	Yellow-throated Vireo / Vireo Pechiamarillo	M				
645	*Vireo solitarius*	Blue-headed Vireo / Vireo Solitario	M				
646	*Vireo carmioli*	Yellow-winged Vireo / Vireo Aliamarillo	R-END				
647	*Vireo gilvus*	Warbling Vireo / Vireo Canoro	M				
648	*Vireo leucophrys*	Brown-capped Vireo / Vireo Montañero	R				
649	*Vireo philadelphicus*	Philadelphia Vireo / Vireo Amarillento	M				
650	*Vireo olivaceus*	Red-eyed Vireo / Vireo Ojirrojo (Chiguisa)	M				
651	*Vireo flavoviridis*	Yellow-green Vireo / Vireo Cabecigrís (Chiguisa, Chuesa, Cazadora, Fraile)	RR, M				
652	*Vireo altiloquus*	Black-whiskered Vireo / Vireo Bigotudo	M				
653	*Hylophilus flavipes*	Scrub Greenlet / Verdillo Matorralero	R				
654	*Hylophilus ochraceiceps*	Tawny-crowned Greenlet / Verdillo Leonado	R				
655	*Hylophilus decurtatus*	Lesser Greenlet / Verdillo Menudo	R				

La Asociación Ornitológica de Costa Rica - Comité Científico

656	*Vireolanius pulchellus*	Green Shrike-Vireo / Vireón Esmeraldino	R				
657	*Cyclarhis gujanensis*	Rufous-browed Peppershrike / Vireón Cejirrufo	R				
Corvidae (5)							
658	*Cyanolyca argentigula*	Silvery-throated Jay / Urraca Gorgiplateada	R-END				
659	*Cyanolyca cucullata*	Azure-hooded Jay / Urraca de Toca Celeste (Piapia de Montaña)	R				
660	*Calocitta formosa*	White-throated Magpie-Jay / Urraca Copetona (Urraca, Piapia Azul)	R				
661	*Psilorhinus morio*	Brown Jay / Urraca Parda (Piapia)	R				
662	*Cyanocorax affinis*	Black-chested Jay / Urraca Pechinegra	R				
Hirundinidae (13)							
663	*Progne subis*	Purple Martin / Martín Purpúrea (Golondrón)	M				
664	*Progne chalybea*	Gray-breasted Martin / Martín Pechigrís	R				
665	*Progne tapera*	Brown-chested Martin / Martín de Ríos (Golondrina)	M				
666	*Tachycineta bicolor*	Tree Swallow / Golondrina Bicolor	M				
667	*Tachycineta albilinea*	Mangrove Swallow / Golondrina Lomiblanca	R				
668	*Tachycineta thalassina*	Violet-green Swallow / Golondrina Verdiviolácea	M				
669	*Pygochelidon cyanoleuca*	Blue-and-white Swallow / Golondrina Azul y Blanco	R, M				
670	*Stelgidopteryx serripennis*	Northern Rough-winged Swallow / Golondrina Alirrasposa Norteña	R, M				
671	*Stelgidopteryx ruficollis*	Southern Rough-winged Swallow / Golondrina Alirrasposa Sureña	R				
672	*Riparia riparia*	Bank Swallow / Golondrina Ribereña	M				
673	*Petrochelidon pyrrhonota*	Cliff Swallow / Golondrina Risquera	M				
674	*Petrochelidon fulva*	Cave Swallow / Golondrina Cavernícola	A				
675	*Hirundo rustica*	Barn Swallow / Golondrina Tijereta	M				

La lista oficial de las aves de Costa Rica

		Troglodytidae (22)							
	676	*Salpinctes obsoletus*	Rock Wren / Soterrey Roquero	R					
	677	*Microcerculus philomela*	Nightingale Wren / Soterrey Ruiseñor	R					
	678	*Microcerculus marginatus*	Scaly-breasted Wren / Soterrey Silbador	R					
	679	*Troglodytes aedon*	House Wren / Soterrey Cucarachero (Soterrey, Soterré)	R					
	680	*Troglodytes ochraceus*	Ochraceous Wren / Soterrey Ocroso	R-END					
	681	*Thryorchilus browni*	Timberline Wren / Soterrey del Bambú	R-END					
	682	*Cistothorus platensis*	Sedge Wren / Soterrey Sabanero (Guachipelín)	R					
	683	*Campylorhynchus zonatus*	Band-backed Wren / Soterrey Matraquero	R					
	684	*Campylorhynchus rufinucha*	Rufous-naped Wren / Soterrey Nuquirrufo (Chico Piojo, Botijón, Salta Piñuela)	R					
	685	*Pheugopedius atrogularis*	Black-throated Wren / Soterrey Gorginegro	R-END					
	686	*Pheugopedius rutilus*	Rufous-breasted Wren / Soterrey Carimoteado	R					
	687	*Pheugopedius maculipectus*	Spot-breasted Wren / Soterrey Pechimoteado	R					
	688	*Pheugopedius fasciatoventris*	Black-bellied Wren / Soterrey Vientrinegro	R-END					
	689	*Thryophilus rufalbus*	Rufous-and-white Wren / Soterrey Rufo y Blanco	R					
	690	*Thryophilus pleurostictus*	Banded Wren / Soterrey de Costillas Barreteadas	R					
	691	*Cantorchilus thoracicus*	Stripe-breasted Wren / Soterrey Pechirrayado	R-END					
	692	*Cantorchilus modestus*	Plain Wren / Soterrey Chinchirigüí (Huevos Blancos)	R					
	693	*Cantorchilus nigricapillus*	Bay Wren / Soterrey Castaño	R					
	694	*Cantorchilus semibadius*	Riverside Wren / Soterrey Pechibarreteado	R-END					
	695	*Henicorhina leucosticta*	White-breasted Wood-Wren / Soterrey de Selva Pechiblanco	R					

La Asociación Ornitológica de Costa Rica - Comité Científico

696	*Henicorhina leucophrys*	Gray-breasted Wood-Wren / Soterrey de Selva Pechigrís	R				
697	*Cyphorhinus phaeocephalus*	Song Wren / Soterrey Canoro	R				
Polioptilidae (4)							
698	*Microbates cinereiventris*	Tawny-faced Gnatwren / Soterillo Caricafé	R				
699	*Ramphocaenus melanurus*	Long-billed Gnatwren / Soterillo Picudo	R				
700	*Polioptila albiloris*	White-lored Gnatcatcher / Perlita Cabecinegra (Espatulilla, Cazadora)	R				
701	*Polioptila plumbea*	Tropical Gnatcather / Perlita Tropical (Espatulilla, Cazadora)	R				
Cinclidae (1)							
702	*Cinclus mexicanus*	American Dipper / Mirlo Acuático Plomizo	R				
Turdidae (15)							
703	*Myadestes melanops*	Black-faced Solitaire / Solitario Carinegro (Jilguero)	R-END				
704	*Catharus gracilirostris*	Black-billed Nightingale-Thrush / Zorzal Piquinegro (Cuitiento)	R-END				
705	*Catharus aurantiirostris*	Orange-billed Nightingale-Thrush / Zorzal Piquianaranjado (Jilguerillo de Charral, Inglesito)	R				
706	*Catharus fuscater*	Slaty-backed Nightingale-Thrush / Zorzal Sombrío (Arremedón, Arremendado, Jilguerillo)	R				
707	*Catharus frantzii*	Ruddy-capped Nightingale-Thrush / Zorzal Gorrirojizo (Jilguerillo de Montaña, Jilguerillo de Ronda)	R				
708	*Catharus mexicanus*	Black-headed Nightingale-Thrush / Zorzal Cabecinegro	R				
709	*Catharus fuscescens*	Veery / Zorzal Dorsirrojizo (Conchita)	M				
710	*Catharus minimus*	Gray-cheeked Thrush / Zorzal Carigrís (Conchita)	M				

La lista oficial de las aves de Costa Rica

711	*Catharus ustulatus*	Swainson's Thrush / Zorzal de Swainson (Conchita)	M					
712	*Hylocichla mustelina*	Wood Thrush / Zorzal del Bosque	M					
713	*Turdus nigrescens*	Sooty Thrush / Mirlo Negruzco (Yigüirro Escarchero, Escarchado)	R-END					
714	*Turdus plebejus*	Mountain Thrush / Mirlo Montañero (Yigüirro de Montaña)	R					
715	*Turdus obsoletus*	Pale-vented Thrush / Mirlo Vientriblanco (Yigüirro de Montaña)	R					
716	*Turdus grayi*	Clay-colored Thrush / Mirlo Pardo (Yigüirro)	R					
717	*Turdus assimilis*	White-throated Thrush / Mirlo Gorgiblanco (Yigüirro Collarejo, Yigüirro de Montaña)	R					
Mimidae (2)								
718	*Dumetella carolinensis*	Gray Catbird / Pájaro-gato Gris	M					
719	*Mimus gilvus*	Tropical Mockingbird / Pájaro-imitador Tropical	R					
Motacillidae (1)								
720	*Anthus rubescens*	American Pipit / Bisbita Americana	A					
Bombycillidae (1)								
721	*Bombycilla cedrorum*	Cedar Waxwing / Ampelis Americano (Jilguero Chino)	M					
Ptiliogonatidae (2)								
722	*Phainoptila melanoxantha*	Black-and-yellow Silky-Flycatcher / Capulinero Negro y Amarillo (Comemoras)	R-END					
723	*Ptiliogonys caudatus*	Long-tailed Silky-Flycatcher / Capulinero Colilargo (Pitorreal, Timbre, Coronel)	R-END					
Parulidae (54)								
724	*Seiurus aurocapilla*	Ovenbird / Reinita Hornera	M					
725	*Helmitheros vermivorum*	Worm-eating Warbler / Reinita Gusanera	M					

La Asociación Ornitológica de Costa Rica - Comité Científico

726	*Parkesia motacilla*	Louisiana Waterthrush / Reinita Acuática Piquigrande (Menea Cola, Tordo de Agua)	M					
727	*Parkesia noveboracensis*	Northern Waterthrush / Reinita Acuática Norteña (Menea Cola, Tordo de Agua)	M					
728	*Vermivora chrysoptera*	Golden-winged Warbler / Reinita Alidorada	M					
729	*Vermivora cyanoptera*	Blue-winged Warbler / Reinita Aliazul	M					
730	*Mniotilta varia*	Black-and-white Warbler / Reinita Trepadora (Zebrita)	M					
731	*Protonotaria citrea*	Prothonotary Warbler / Reinita Cabecidorada	M					
732	*Oreothlypis gutturalis*	Flame-throated Warbler / Reinita Garganta de Fuego	R-END					
733	*Oreothlypis peregrina*	Tennessee Warbler / Reinita Verdilla (Cazadorcita)	M					
734	*Oreothlypis celata*	Orange-crowned Warbler / Reinita Olivácea	M- SC					
735	*Oreothlypis ruficapilla*	Nashville Warbler / Reinita Cachetigrís	M					
736	*Oporornis agilis*	Connecticut Warbler / Reinita Ojianillada	A- SC					
737	*Geothlypis poliocephala*	Gray-crowned Yellowthroat / Antifacito Coronigrís	R					
738	*Geothlypis aequinoctialis*	Masked Yellowthroat / Antifacito Sureño	R					
739	*Geothlypis tolmiei*	MacGillivray's Warbler / Reinita de Tupidero	M					
740	*Geothlypis philadelphia*	Mourning Warbler / Reinita Enlutada	M					
741	*Geothlypis formosa*	Kentucky Warbler / Reinita Cachetinegra	M					
742	*Geothlypis semiflava*	Olive-crowned Yellowthroat / Antifacito Coroniolivo	R					
743	*Geothlypis trichas*	Common Yellowthroat / Antifacito Norteño	M					
744	*Setophaga citrina*	Hooded Warbler / Reinita Encapuchada	M					
745	*Setophaga ruticilla*	American Redstart / Candelita Norteña (Raya Roja)	M					

La lista oficial de las aves de Costa Rica

746		*Setophaga tigrina*	Cape May Warbler / Reinita Tigrina	M					
747		*Setophaga cerulea*	Cerulean Warbler / Reinita Cerulea	M					
748		*Setophaga americana*	Northern Parula / Parula Norteña	M					
749		*Setophaga pitiayumi*	Tropical Parula / Parula Tropical	R					
750		*Setophaga magnolia*	Magnolia Warbler / Reinita Colifajeada	M					
751		*Setophaga castanea*	Bay-breasted Warbler / Reinita Castaña	M					
752		*Setophaga fusca*	Blackburnian Warbler / Reinita Gorginaranja	M					
753		*Setophaga petechia*	Yellow Warbler / Reinita Amarilla (Canarita)	R, M					
754		*Setophaga pensylvanica*	Chestnut-sided Warbler / Reinita de Costillas Castañas	M					
755		*Setophaga striata*	Blackpoll Warbler / Reinita Rayada	M					
756		*Setophaga caerulescens*	Black-throated Blue Warbler / Reinita Azul y Negro	M					
757		*Setophaga palmarum*	Palm Warbler / Reinita Coronicastaña	M					
758		*Setophaga pinus*	Pine Warbler / Reinita de Pinos	M- SC					
759		*Setophaga coronata*	Yellow-rumped Warbler / Reinita Lomiamarilla	M					
760		*Setophaga dominica*	Yellow-throated Warbler / Reinita Gorgiamarilla	M					
761		*Setophaga discolor*	Prairie Warbler / Reinita Galana	M					
762		*Setophaga townsendi*	Townsend's Warbler / Reinita de Townsend	M					
763		*Setophaga occidentalis*	Hermit Warbler / Reinita Cabecigualda	M					
764		*Setophaga chrysoparia*	Golden-cheeked Warbler / Reinita Caridorada	M- SC					
765		*Setophaga virens*	Black-throated Green Warbler / Reinita Cariamarilla	M					
766		*Myiothlypis fulvicauda*	Buff-rumped Warbler / Reinita Guardaribera (Cola Amarilla)	R					
767		*Basileuterus rufifrons*	Rufous-capped Warbler / Reinita Cabecicastaña	R					
768		*Basileuterus melanogenys*	Black-cheeked Warbler / Reinita Carinegra	R-END					
769		*Basileuterus culicivorus*	Golden-crowned Warbler / Reinita Coronidorada	R					

La Asociación Ornitológica de Costa Rica - Comité Científico

770		*Basileuterus tristriatus*	Three-striped Warbler / Reinita Cabecilistada	R				
771		*Cardellina canadensis*	Canada Warbler / Reinita Pechirrayada	M				
772		*Cardellina pusilla*	Wilson's Warbler / Reinita Gorrinegra (Curruquita)	M				
773		*Myioborus miniatus*	Slate-throated Redstart / Candelita Pechinegra (Candelita)	R				
774		*Myioborus torquatus*	Collared Redstart / Candelita Collareja (Amigo de Hombre)	R-END				
775		*Zeledonia coronata*	Wrenthrush / Zeledonia	R-END				
776		*Icteria virens*	Yellow-breasted Chat / Reinita Grande	M				
		Genus Incertae Sedis						
777		*Coereba flaveola*	Bananaquit / Reinita Mielera (Pincha Flor, Santa Marta)	R				
	Thraupidae (34)							
778		*Chrysothlypis chrysomelas*	Black-and-yellow Tanager / Tangara Negro y Dorado	R-END				
779		*Rhodinocichla rosea*	Rosy Thrush-Tanager / Tangara Pechirrosada (Queo)	R				
780		*Mitrospingus cassinii*	Dusky-faced Tanager / Tangara Carinegruzca	R				
781		*Eucometis penicillata*	Gray-headed Tanager / Tangara Cabecigrís	R				
782		*Lanio leucothorax*	White-throated Shrike-Tanager / Tangara Piquiganchuda	R-END				
783		*Heterospingus rubrifrons*	Sulphur-rumped Tanager / Tangara Lomiazufrada	R-END				
784		*Tachyphonus luctuosus*	White-shouldered Tanager / Tangara Caponiblanca	R				
785		*Tachyphonus delattrii*	Tawny-crested Tanager / Tangara Coronidorada	R				
786		*Tachyphonus rufus*	White-lined Tanager / Tangara Forriblanca (Fraile)	R				
787		*Ramphocelus sanguinolentus*	Crimson-collared Tanager / Tangara Capuchirroja (Rey de Sargento, Sangre de Toro)	R				

788	*Ramphocelus passerinii*	Passerini's Tanager / Tangara de Passerini (Sargento, Rabadilla Tinta, Terciopelo, Sangre de Toro)	R				
789	*Ramphocelus costaricensis*	Cherries's Tanager / Tangara de Cherrie, Tangara Costarricense (Sargento)	R-END				
790	*Thraupis episcopus*	Blue-gray Tanager / Tangara Azuleja (Viudita, Viuda)	R				
791	*Thraupis abbas*	Yellow-winged Tanager / Tangara Aliamarilla	R?				
792	*Thraupis palmarum*	Palm Tanager / Tangara Palmera (Viudita de la Costa)	R				
793	*Bangsia arcaei*	Blue-and-gold Tanager / Tangara de Costillas Negras (Agüión)	R-END				
794	*Tangara larvata*	Golden-hooded Tanager / Tangara Capuchidorada (Juana, Mariposa, Siete Colores)	R				
795	*Tangara guttata*	Speckled Tanager / Tangara Moteada (Cebra)	R				
796	*Tangara dowii*	Spangle-cheeked Tanager / Tangara Vientricastaña (Mariposa de Clima Frío)	R-END				
797	*Tangara inornata*	Plain-colored Tanager / Tangara Cenicienta	R-END				
798	*Tangara lavinia*	Rufous-winged Tanager / Tangara Alirrufa	R				
799	*Tangara gyrola*	Bay-headed Tanager / Tangara Cabecicastaña (Pavito)	R				
800	*Tangara florida*	Emerald Tanager / Tangara Orejinegra	R				
801	*Tangara icterocephala*	Silver-throated Tanager / Tangara Dorada (Rayo de Sol, Chia, Juanita)	R				
802	*Dacnis venusta*	Scarlet-thighed Dacnis / Mielero Celeste y Negro (Calzones Rojos)	R				
803	*Dacnis cayana*	Blue Dacnis / Mielero Azulejo (Rey de Viuda)	R				
804	*Chlorophanes spiza*	Green Honeycreeper / Mielero Verde (Rey de Mar, Verde Mar, Rey de Trepadores)	R				
805	*Cyanerpes lucidus*	Shining Honeycreeper / Mielero Luciente (Picudo Patiamarillo)	R				

La Asociación Ornitológica de Costa Rica - Comité Científico

806	*Cyanerpes cyaneus*	Red-legged Honeycreeper / Mielero Patirrojo (Picudo, Mielero, Tucuso, Trepador)	R				
	Genus Incertae Sedis						
807	*Saltator atriceps*	Black-headed Saltator / Saltator Cabecinegro (Chayotero)	R				
808	*Saltator maximus*	Buff-throated Saltator / Saltator Gorgianteado (Chayotero, Chojui, Comepuntas, Sinsonte Verde)	R				
809	*Saltator grossus*	Slate-colored Grosbeak / Picogrueso Piquirrojo	R				
810	*Saltator coerulescens*	Grayish Saltator / Saltator Grisáceo (Comepuntas, Come Chayote, Sensontle, Sinsonte)	R				
811	*Saltator striatipectus*	Streaked Saltator / Saltator Listado	R				
	Emberizidae (41)						
812	*Volatinia jacarina*	Blue-black Grassquit / Semillerito Negro Azulado (Brea, Pius, Piusillo Negro, Saltapalito)	R				
813	*Sporophila minuta*	Ruddy-breasted Seedeater / Espiguero Menudo (Setillero Ladrillo)	R				
814	*Sporophila funerea*	Thick-billed Seed-Finch / Semillero Picogrueso	R				
815	*Sporophila nuttingi*	Nicaraguan Seed-Finch / Semillero Piquirrosado	R-END				
816	*Sporophila corvinaC*	Variable Seedeater / Espiguero Variable (Setillero Collarejo, Monjito, Arrocerito)	R				
817	*Sporophila torqueolaR*	White-collared Seedeater / Espiguero Collarejo (Setillero Collarejo)	R				
818	*Sporophila nigricollis*	Yellow-bellied Seedeater / Espiguero Vientriamarillo (Setillero Panameño)	R				
819	*Sporophila lineola*	Lined Seedeater / Espiguero Bigotudo (Setillero)	A				
820	*Sporophila schistaceaO*	Slate-colored Seedeater / Espiguero Pizarroso (Setillero)	R				

La lista oficial de las aves de Costa Rica

821	*Tiaris olivaceus*	Yellow-faced Grassquit / Semillerito Cariamarillo (Gallito)	R				
822	*Pinaroloxias inornata*	Cocos Finch / Pinzón de la Isla del Coco	R-END				
823	*Haplospiza rustica*	Slaty Finch / Fringilo Plomizo (Semillero)	R				
824	*Acanthidops bairdi*	Peg-billed Finch / Fringilo Piquiagudo (Semillero)	R-END				
825	*Diglossa plumbea*	Slaty Flowerpiercer / Pinchaflor Plomizo	R-END				
826	*Sicalis luteola*	Grassland Yellow-Finch / Chirigue Sabanero	A				
827	*Emberizoides herbicola*	Wedge-tailed Grass-Finch / Sabanero Coludo (Chicharrón)	R				
828	*Pselliophorus tibialis*	Yellow-thighed Finch / Saltón de Muslos Amarillos (Calzones Amarillos)	R-END				
829	*Pezopetes capitalis*	Large-footed Finch / Saltón Patigrande	R-END				
830	*Arremon aurantiirostris*	Orange-billed Sparrow / Pinzón Piquinaranja (Pico Chile, Pico Rojo, Pico de Oro)	R				
831	*Arremon crassirostris*	Sooty-faced Finch / Pinzón Barranquero	R-END				
832	*Arremon brunneinucha*	Chestnut-capped Brush-Finch / Saltón Cabecicastaño	R				
833	*Arremon costaricensis*	Costa Rican Brush-Finch / Saltón Cabecinegro, Saltón Costarricense	R-END				
834	*Arremonops rufivirgatus*	Olive Sparrow / Pinzón Aceitunado (Timbón)	R				
835	*Arremonops conirostris*	Black-striped Sparrow / Pinzón Cabecilistado (Purisquero, Pájaro Suzuki)	R				
836	*Atlapetes albinucha*	White-naped Brush-Finch / Saltón Gargantiamarilla (Comepuntas, Purisco)	R				
837	*Aimophila rufescens*	Rusty Sparrow / Sabanero Rojizo	R				
838	*Melozone leucotis*	White-eared Ground-Sparrow / Pinzón Orejiblanco (Cuatro Ojos, Payasito)	R				

La Asociación Ornitológica de Costa Rica - Comité Científico

839	*Melozone biarcuata*	Prevost's Ground-Sparrow / Pinzón Cafetalero (Jupa Roja, Rey de Comemaíz, Mercenario)	R			
840	*Peucaea ruficauda*	Stripe-headed Sparrow / Sabanero Cabecilistado (Pájaro Chicle, Albarda Nueva, Ratoncillo)	R			
841	*Peucaea botterii*	Botteri's Sparrow / Sabanero Pechianteado	R			
842	*Spizella passerina*	Chipping Sparrow / Chimbito Común	A			
843	*Spizella pallida*	Clay-colored Sparrow / Chimbito o Chingolo Pálido	A			
844	*Chondestes grammacus*	Lark Sparrow / Sabanero Arlequín	M			
845	*Passerculus sandwichensis*	Savannah Sparrow / Sabanero Zanjero	A			
846	*Ammodramus savannarum*	Grasshopper Sparrow / Sabanero Colicorto	R, M			
847	*Melospiza lincolnii*	Lincoln's Sparrow / Sabanero de Lincoln	M			
848	*Zonotrichia capensis*	Rufous-collared Sparrow / Chingolo (Comemaíz, Pirrís)	R			
849	*Junco vulcani*	Volcano Junco / Junco Paramero (Junco Volcanero)	R-END			
850	*Chlorospingus flavopectus*	Common Chlorospingus / Tangara de Monte Ojeruda (Cuatro Ojos)	R			
851	*Chlorospingus pileatus*	Sooty-capped Chlorospingus / Tangara de Monte Cejiblanca	R-END			
852	*Chlorospingus canigularis*	Ashy-throated Chlorospingus / Tangara de Monte Gargantigrís	R			
	Cardinalidae (20)					
853	*Piranga flava*	Hepatic Tanager / Tangara Bermeja (Cardenal)	R			
854	*Piranga rubra*	Summer Tanager / Tangara Veranera (Cardenal Veranero, Pan de Achiote, Sangre Toro)	M			
855	*Piranga olivacea*	Scarlet Tanager / Tangara Escarlata (Cardenal Alas Negras)	M			
856	*Piranga ludoviciana*	Western Tanager / Tangara Carirroja	M			
857	*Piranga bidentata*	Flame-colored Tanager / Tangara Dorsirrayada (Cardenal)	R			

La lista oficial de las aves de Costa Rica

858	*Piranga leucoptera*	White-winged Tanager / Tangara Aliblanca (Cardenalito)	R				
859	*Habia rubica*	Red-crowned Ant-Tanager / Tangara Hormiguera Coronirroja (Relicario)	R				
860	*Habia fuscicauda*	Red-throated Ant-Tanager / Tangara Hormiguera Gorgirroja	R				
861	*Habia atrimaxillaris*	Black-cheeked Ant-Tanager / Tangara Hormiguera Carinegra	R-END				
862	*Chlorothraupis carmioli*	Carmiol's Tanager / Tangara Aceitunada o de Carmiol	R				
863	*Caryothraustes poliogaster*	Black-faced Grosbeak / Picogrueso Carinegro (Sarapiqueña)	R				
864	*Pheucticus tibialis*	Black-thighed Grosbeak / Picogrueso Vientriamarillo (Chorcho, Maizero, Chiltote)	R-END				
865	*Pheucticus ludovicianus*	Rose-breasted Grosbeak / Picogrueso Pechirrosado (Calandria)	M				
866	*Pheucticus melanocephalus*	Black-headed Grosbeak / Picogrueso Cabecinegro	A- SC				
867	*Amaurospiza concolor*	Blue Seedeater / Semillero Azulado	R				
868	*Cyanocompsa cyanoides*	Blue-black Grosbeak / Picogrueso Negro Azulado	R				
869	*Passerina caerulea*	Blue Grosbeak / Picogrueso Azul (Alondra)	R, M				
870	*Passerina cyanea*	Indigo Bunting / Azulillo Norteño (Indris)	M				
871	*Passerina ciris*	Painted Bunting / Azulillo Sietecolores (Arcoiris, Siete Colores)	M				
872	*Spiza americana*	Dickcissel / Sabanero Arrocero (Arrocero, Pius)	M				
	Icteridae (24)						
873	*Dolichonyx oryzivorus*	Bobolink / Tordo Arrocero	M				
874	*Agelaius phoeniceus*	Red-winged Blackbird / Tordo Sargento (Sargento)	R				
875	*Sturnella militaris*	Red-breasted Blackbird / Tordo Pechirrojo	R				
876	*Sturnella magna*	Eastern Meadowlark / Zacatero Común (Zacatera, Carmelo)	R				

La Asociación Ornitológica de Costa Rica - Comité Científico

877	*Xanthocephalus xanthocephalus*	Yellow-headed Blackbird / Tordo Cabecidorado	A				
878	*Dives dives*	Melodious Blackbird / Tordo Cantor	R				
879	*Quiscalus mexicanus*	Great-tailed Grackle / Clarinero, Zanate Grande (Sanate, Zanate)	R				
880	*Quiscalus nicaraguensis*	Nicaraguan Grackle / Clarinero, Zanate de Laguna (Totí, Garrapatero)	R-END				
881	*Molothrus bonariensis*	Shiny Cowbird / Vaquero Mirlo	R				
882	*Molothrus aeneus*	Bronzed Cowbird / Vaquero Ojirrojo (Pius)	R				
883	*Molothrus oryzivorus*	Giant Cowbird / Vaquero Grande	R				
884	*Icterus prosthemelas*	Black-cowled Oriole / Bolsero Capuchinegro (Chorcha del Platanar, Cacique Amarillo)	R				
885	*Icterus spurius*	Orchard Oriole / Bolsero Castaño (Cacique Ahumado)	M				
886	*Icterus chrysater*	Yellow-backed Oriole / Bolsero Dorsidorado	A				
887	*Icterus mesomelas*	Yellow-tailed Oriole / Bolsero Coliamarillo (Chorcha, Chiltote, Chiltotel)	R				
888	*Icterus pustulatus*	Streak-backed Oriole / Bolsero Dorsilistado (Chilchote, Chilto, Chorchín, Chorcha)	R				
889	*Icterus bullockii*	Bullock's Oriole / Bolsero de Bullock	A				
890	*Icterus pectoralis*	Spot-breasted Oriole / Bolsero Pechimanchado (Balsero, Chiltote)	R				
891	*Icterus galbula*	Baltimore Oriole / Bolsero Norteño (Cacique Veranero, Cacicón, Naranjero)	M				
892	*Amblycercus holosericeus*	Yellow-billed Cacique / Cacique Picoplata (Pico de Plata)	R				
893	*Cacicus uropygialis*	Scarlet-rumped Cacique / Cacique Lomiescarlata (Sargento, Plío)	R				
894	*Psarocolius decumanus*	Crested Oropendola / Oropéndola Crestada	R				
895	*Psarocolius wagleri*	Chestnut-headed Oropendola / Oropéndola Cabecicastaña (Oropéndola, Oropel, Guacalillo)	R				

896	*Psarocolius montezuma*	Montezuma Oropendola / Oropéndola de Moctezuma (Oropéndola)	R				
	Fringillidae (12)						
897	*Euphonia affinis*	Scrub Euphonia / Eufonia Gargantinegra (Finito, Agüío, Monjita Fina)	R				
898	*Euphonia luteicapilla*	Yellow-crowned Euphonia / Eufonia Coroniamarilla (Monjita, Agüío)	R-END				
899	*Euphonia laniirostris*	Thick-billed Euphonia / Eufonia Piquigruesa (Agüío)	R				
900	*Euphonia hirundinacea*	Yellow-throated Euphonia / Eufonia Gorgiamarilla (Agüío, Caciquita)	R				
901	*Euphonia elegantissima*	Elegant Euphonia / Eufonia Capuchiceleste (Agüío, Monjita, Caciquita)	R				
902	*Euphonia imitans*	Spot-crowned Euphonia / Eufonia Vientrirrojiza (Agüío Barranquillo)	R-END				
903	*Euphonia gouldi*	Olive-backed Euphonia / Eufonia Olivácea (Agüío, Barranquillo, Culo Rojo, Güere)	R				
904	*Euphonia minuta*	White-vented Euphonia / Eufonia Menuda (Finito Canario, Canarito, Canaria, Agüío)	R				
905	*Euphonia anneae*	Tawny-capped Euphonia / Eufonia Gorricanela (Agüío, Barranquilla)	R-END				
906	*Chlorophonia callophrys*	Golden-browed Chlorophonia / Clorofonia Cejidorada (Rualdo, Rey de Rualdo)	R-END				
907	*Spinus xanthogastrus*	Yellow-bellied Siskin / Jilguero Vientriamarillo (Mozotillo de Montaña)	R				
908	*Spinus psaltria*	Lesser Goldfinch / Jilguero Menor (Mozotillo de Charral)	R				
	Passeridae (1)						
909	*Passer domesticus*	House Sparrow / Gorrión Común (Electricista)	R				
	Estrildidae (1)						

La Asociación Ornitológica de Costa Rica - Comité Científico

910	*Lonchura malacca*	Tricolored Munia / Monjita Tricolor	R				

La lista oficial de las aves de Costa Rica

La AOCR es una organización abierta a todo público. El perfil del asociado/a es muy simple: ser amante de la naturaleza y tener deseos de aprender sobre las aves.

Cuota anual (enero - diciembre)
Socio regular: 10.000 colones
Socio estudiante: 5.000 colones

Puede cancelar personalmente en una charla de la AOCR o puede depositar la cuota en la cuenta de la Asociación en el Banco Nacional de Costa Rica, según la información en el cuadro. Después, envía una notificación a walcoca46@gmail.com. Debe incluir el número del depósito, además de los datos personales: nombre, apellidos, dirección electrónica y postal, teléfono y número de cédula.

Asociación Ornitológica de Costa Rica
Apartado 2289-1002, San José, Costa Rica

http://avesdecostarica.org

La Asociación Ornitológica de Costa Rica (AOCR) fue fundada en 1993 para investigar, divulgar y promover diversas actividades que difundan el conocimiento de la avifauna costarricense y contribuyen a la conservación de las poblaciones silvestres y sus respectivos habitats.

Tipo de cuenta	Moneda	Oficina	Cuenta	Dígito
Corriente	Colones	061	000492	5
Cliente 15106110010004923	Cédula: 3-002-145040			

La Asociación Ornitológica de Costa Rica - Comité Científico

La AOCR ofrece una charla y una gira el domingo mensual. Consulte a http://avesdecostarica.org para más información.

Los artículos de *Zeledonia* están indexados por LATINDEX (www.latindex.unam.mx) y OWL (Ornithological Worldwide Literature) birdlit.org, Dialnet y EBSCO. Zeledonia se ha incorporado en la Biblioteca Digital del Caribe de la Universidad de Florida: www.dloc.com.

El *Boletín Zeledonia* se publica semestralmente: junio y noviembre. Se distribuye electrónicamente a la membresía de la AOCR y por solicitud a bibliotecas y oganizaciones afines.

Junta Directiva

Dr. Alexander F. Skutch, Presidente honorario, *In memoriam*

Rose Marie Menacho O., Presidente

Pablo Camacho V., Vicepresidente

, Secretaria

Walter Coto C., Tesorero

Diego Quesada, Primer vocal

Ariel Fonseca, Segundo vocal

Susana García, Tercer vocal

Adilio Zeledón M., Fiscal

Asociación Ornitológica de Costa Rica
Apartado 2269-1002, San José, Costa Rica

www.ingramcontent.com/pod-product-compliance
Lightning Source LLC
Chambersburg PA
CBHW071126280526
45787CB00003B/1192